박근혜 정부 경제 · 복지정책의 방향과 과제

이 도서의 국립중앙도서관 출판시도서목록(CIP)은 서지정보유통지원시스템 홈페이지(http://seoji.nl.go.kr)와 국가자료공동목록시스템(http://www.nl.go.kr/kolisnet)에서 이용하실 수 있습니다. (CIP제어번호 : CIP2014000173)

서經硏연구총서 XXIX

박근혜 정부 경제 · 복지정책의 방향과 과제

서울사회경제연구소 엮음

김진방·김유선·조홍식·이제민·김근수·신상기 지음

한울
아카데미

머리말

근래 한국경제가 안고 있는 과제는 크게 두 가지이다. 하나는 경제민주화를 달성하고 복지 수준을 높여 경제양극화를 해소하는 것이고, 다른 하나는 점차 떨어져가고 있는 한국경제의 잠재성장률에 대처하는 것이다.

박근혜 정부도 이를 잘 알고 있었다. 이 때문에 대선 과정에서 박근혜 캠프는 그간 야권의 전용물처럼 여겨졌던 경제민주화와 복지를 핵심 공약으로 내세우고, 창조적인 경제활동을 드높일 것을 강조했던 것이다.

국민들은 박근혜 정부가 최소한 경제민주화와 복지에 대한 공약만큼은 잘 실천할 것으로 생각했다. 어째서일까? 대선 과정에서 많은 국민들의 뇌리 속에 '박근혜 정부의 경제정책 방향은 경제민주화와 복지'라는 인식이 자리 잡았기 때문이다. 선거 기간 박근혜 후보는 자신이 '약속'과 '신뢰'를 무엇보다 소중히 여기는 정치인임을 강조했고, 이를 국민들이 받아들이며 지지했던 것이다.

하지만 출범 이후 박근혜 정부의 실제 정책은 공약과는 다른 방향으로 전개되고 있다. 후보 시절 제시했던 경제민주화, 복지 등 핵심 공약들은 제대로 이행되지 않고 있으며, 기껏해야 하는 시늉에 머무르고 있는 경우가 많다. 오히려 기초연금 논란에서 잘 알 수 있듯이 기존 제도보다 후퇴하고 있는 경우마저 생기고 있다. 성장과 함께 분배 또는 경제민주화에도 고루 찍겠다는 정책의 방점이 성장 쪽으로만 찍히는 형국으로 흘러가고 있다.

당 연구소에서는 1993년 김영삼 정부 이후 역대 정권이 출범할 때마다 그 정부의 경제정책 방향에 대해 연구하고 그 결과를 심포지엄이나 연구총서를 통해 발표해왔다. '한국경제가 정의롭고 민주적인 구조를 확립해가기 위해서는 어떠한 정책이 필요한가?'라는 관점에서 새로이 출범하는 정권의 정책 방향을 검토하고, 향후 과제가 무엇인지를 제시해왔던 것이다. 이번에도 박근혜 정부의 출범을 맞아 2013년 5월에 심포지엄을 열어 박근혜 정부의 경제 및 복지정책의 기본 방향과 그 과제에 대해서 폭넓게 의견을 나누었다.

이 작업은 이전과 달리 쉽지 않았다. 정권 초기부터 공약과 실제 취해진 정책이 어긋났기 때문이다. 따라서 박근혜 정부의 진정한 경제정책 방향을 이해하기 위해서는 제시한 공약이 실제 정책에서 어떻게 변화되어 가는지를 잘 살필 필요가 있었다. 심포지엄에서는 이러한 문제를 크게 경제민주화, 노동, 복지 분야로 나누어 이를 중심으로 논의를 진행했다.

이번에 발행되는 연구총서는 당 연구소가 29번째로 출간하는 것으로, 2013년 5월에 있었던 심포지엄 결과를 일부 수정한 것에 몇 개의 글을 합하여 펴낸 것이다. 제1부에서는 박근혜 정부 경제·복지정책의 핵심인 재벌정책, 노동정책, 복지정책을 다루고 있다.

우선 제1장에서는 인하대학교 김진방 교수가 박근혜 정부의 재벌정책이 경제민주화를 위한 정책으로서 합당한지를 살피고 있다. 그는 박근혜 정부의 핵심 공약인 경제민주화가 집권 후 성장을 중시한 '창조경제'의 하위 조건으로 격하되었으며, 재벌 규제를 위해 제시한 정책들의 실질적인 내용도 후퇴하고 있음을 지적한다. 또한 김진방 교수는 박근혜 정부의 재벌정책이 재벌체제를 고치는 것이 아니라 재벌의 행동을 바꾸는 것으로 진단하고, 그러한 시도는 효과도 크지 않을뿐더러 일시적인 정책으로 그치기 쉽다는 한계가 있다고 지적한다.

제2장에서 한국노동사회연구소 김유선 선임연구위원은 박근혜 정부의 노동정책을 다루고 있다. 그는 박근혜 정부 노동정책의 핵심이 '고용률 70%'라는 일자리 정책에 있다고 보고, 그 실현가능성과 문제점 등에 대해서 분석했다. 또한 박근혜 정부의 노사관계 정책은 말로만 '대화와 상생', '사회적 대타협'을 거론하고 있을 뿐이고, 실질적으로 노사관계를 회복시킬 구체적인 정책 방향이나 수단이 부족하며, 정부 차원에서도 노사문제를 해결할 의지가 부족함을 강조하고 있다.

제3장에서는 서울대학교 조흥식 교수가 박근혜 정부의 복지정책을 다루고 있다. 그는 박근혜 정부의 복지정책이 과거 이명박 정부의 그것과 비교했을 때 시혜적·잔여적 복지 모델에서 벗어나 진일보했다고 평가하는 동시에, 그 진정성과 실현가능성에 의문을 제기하고 있다. 아울러 복지 수준을 향상시키기 위한 과제로 국민복지협의체 구성, 적절한 시장통제가 있는 국가복지체계, 지역 중심의 복지체계, 지속가능한 복지를 위한 재정체계의 안정화 등 9대 과제를 제시하고 있다. 안정적 재정체계와 관련해서는 특히 이명박 정부에 형성된 감세 기조를 되돌리고, 국민 합의를 바탕으로 한 증세 기틀의 구축을 강조한다.

제2부에서는 박근혜 정부가 노력해야 할 또 다른 과제인 지속성장을 위해, 그리고 지속성장이 바람직한 방향으로 이루어지기 위해 필요한 정책에 관한 논의를 다루고 있다.

제4장에서 연세대학교 이제민 교수는 지속성장에 필요한 과제를 총괄적으로 살피고 있다. 한국경제는 20세기 후반 지속적으로 성장하다가 외환위기 이후 성장 동력이 크게 꺾인바, 그 원인을 규명하고 그에 따른 대책을 제시하고 있다. 지속적 성장을 위해서는 '일자리를 수반하는 성장 동력의 회

복'이 필요함을 강조한다. 또한 이를 실현하기 위해서는 자원절약형 경제구조로의 전환, 각종 지대의 원천인 관치와 국가 권력에 기반을 둔 독점 영역의 축소, 외환위기에 취약한 경제체질을 극복하기 위한 자본통제의 도입, 정경유착·관치금융·부동산 투기·전관예우 등 불공정 구조를 개혁할 수 있는 정책이 필요함을 역설한다.

제5장에서 경희대학교 김근수 교수는 국내에 미치는 재벌의 경제적 파급효과가 과거와 달라졌음을 강조하고 있다. 즉, 한국 재벌이 외환위기 이후 놀라운 경영성과를 달성했지만, 재벌의 성장이 한국 내수시장에 미치는 파급효과는 점차 낮아지고 있음을 분석하고 있다. 이를 위해 재벌의 고용효과, 수출의 부가가치유발계수, 취업·고용유발계수가 모두 뚜렷하게 하락하고 있음을 밝히고 있다. 이는 재벌 위주의 수출주도형 경제발전 전략이 한국경제의 성장을 이끌어가는 데 한계를 보이게 되었으며, 따라서 새로운 발전 전략이 필요함을 시사한다.

제6장에서는 가천대학교 신상기 교수가 지속성장을 위해서는 금융안정이 필요하며, 금융안정을 위해서는 동아시아 지역에서 통화와 금융의 협력이 이루어져야 한다고 강조한다. 글로벌 금융위기로 한국경제는 막심한 실물적·금융적 충격을 경험했는데, 이러한 금융위기의 재발방지를 위해서는 동아시아 지역의 금융협력이 필요하다는 주장이다. 유럽통화체제의 경험과 동아시아 지역에서 진행되고 있는 각종 협력 방안을 검토하면서, 동아시아 지역에서 금융 및 통화협력이 진전되지 못하게 만든 장애 요인과 그것의 극복을 위한 정책적 시사점을 모색한다.

이 책이 한국경제의 바람직한 발전 방향에 대해 고민하는 분들에게 큰 도움이 되었으면 한다. 특히 한국경제가 경제민주화, 분배 및 복지 수준의 향상을 이루면서도 양질의 일자리 창출 등을 통해 지속적으로 성장해나가기 위해서는 어떠한 정책이 필요할지 고민하는 분들에게 많은 생각할 거리를 제공해줄 것으로 기대한다.

2013년 11월

사단법인 서울사회경제연구소 소장

정일용

차례

제2부 지속성장을 위한 한국경제의 과제

제1부 박근혜 정부의 경제·복지정책 방향

제1장

박근혜 정부의 재벌정책과 경제민주화

김진방 | 인하대학교 경제학부 교수

1. 머리말

2012년의 총선과 대선은 한국 정치경제사에서 획기적이라고 일컫기에 충분한 의미를 갖는다. 복지와 함께 경제민주화의 필요성에 많은 국민이 공감하면서 그것이 우리 시대 우리 사회의 지상 과제로 인식되었기 때문이다. 대선 이후에는 대통령직인수위원회가 '경제민주화'를 『박근혜 정부 국정비전 및 국정목표』에서 지워버리면서 사정이 바뀌는 듯했지만, 이를 국민의 기억에서 지우지는 못했다. 오히려 되새기게 했다. 2013년 5월 말에 확정된 『박근혜 정부 국정과제』에 '경제민주화'를 다시 써넣은 것은, 아마도 그래서일 것이다. 비록 그것이 '경제부흥'을 위한 세 '전략' 가운데 하나로 자리매김되었지만 말이다. 다른 두 전략은 '창조경제'와 '민생경제'이다.

경제민주화에 대해 모든 사람이 동의할 수 있는 정의를 찾아내기는 '창조경제'를 정의하는 일 못지않게 어렵다. 정의란 내포와 외연을 분명히 하는 것이다. 내포를 분명히 하기 어려울 때는 외연이라도 분명히 하려 애쓸 수 있다. 외연도 분명히 하기 어려우면 일부 요소를 나열하는 게 도움이 될 수 있다. 경제민주화의 한 요소가 재벌개혁이라는 데 많은 사람들이 동의할 것이다. 그렇기에 박근혜 대통령도 후보 시절 경제민주화의 일환으로 '총수일가의 사익편취행위 근절' 등을 약속했던 것이다.

'총수일가의 사익편취행위 근절'을 비롯한 여러 가지 재벌개혁을 모두 경제민주화의 범주 안에만 포함시킬 수는 없다. 재벌개혁은 한국 경제의 효율성과 안전성을 제고하기 위해서도 필요하고, 경제를 넘어 다른 여러 영역의 민주화를 위해서도 필요하다. 또한 경제민주화는 재벌개혁만으로 달성될 수 없다. 물론 재벌개혁과 경제민주화를 줄이고 늘이고 자르고 붙여서 일치시킬 수도 있겠으나 그런 일치는 무의미하다.

'재벌개혁'은 여러 가지 의미로 사용되어왔다. 지금도 그렇다. 재벌 또는 재벌체제에 대한 이해와 평가가 다르고 개혁의 방향과 방법에 대한 견해가 다르기 때문일 것이다. 그렇지만 우리는 지난 30여 년 동안 재벌체제를 고치기 위해 동원된 여러 방책들을 살펴보면서 귀납적으로 재벌개혁의 의미를 유추해볼 수 있다. 이러한 시도는 새 정부가 시행하겠다고 약속한 재벌정책을 평가할 때 하나의 잣대가 될 것이다.

미리 거칠게 말하면, 지난 30여 년 동안의 재벌정책은 1977년 경제위기 이전의 '경제력 집중 억제 시책'과 그 이후의 '기업지배구조 개선 시책'으로 나눌 수 있다. 경제력 집중은 소수의 개인이 많은 대기업을 배타적으로 지배하는 상황을 가리키는데, 그것을 억제하기 위해 시행된 여러 규제들 중 하나가 출자총액 제한 제도이다. 이에 비해 집중투표제도를 비롯한 기업지배구조 개선 시책은 기업경영의 투명성과 책임성을 높이기 위한 것이며, 적은 지분을 가진 개인이 기업을 배타적으로 지배할 때 나타나기 쉬운 폐해를 막기 위한 것이다. 그런데 박근혜 대통령이 후보 시절에 경제민주화의 일환으로서 약속한 재벌정책은, 기업지배구조 개선 시책의 일부를 포함할 뿐 경제력 집중 억제 시책의 대부분을 배제하는 것이었다. 그리고 그 기조는 『박근혜 정부 국정과제』에서도 바뀌지 않았다. 다시 말하면, 새 정부는 계열회사 사이의 주식 소유를 제한함으로써 재벌체제를 고치는 데 부정적일 뿐만 아니라 이해당사자에 의한 규율을 강화함으로써 재벌체제의 폐해를 줄이는 데에도 소극적이다. 그보다는 감독기관과 사법기관을 동원해 재벌의 사익편취행위를 막으려 했으며, 그나마도 이제는 그만두려 하고 있다.

2. 재벌정책의 경험과 함의

1) 재벌문제와 재벌정책

한국에서 재벌이라는 단어가 사용되기 시작한 것은 1950년대 중반인데, 이 무렵에 재벌과 관련해 주로 제기된 문제는 정경유착이다. 사실 한국에서 정치권력과의 결탁은 재벌 형성의 핵심 요소였다. 해방 이후 진행된 귀속재산 불하와 해외원조물자 배정은 재벌에게 원시적 축적의 기회를 제공했다. 이런 기회는 수입 허가, 외화 배정, 은행 대출 등의 특혜와 함께 주어졌다. 특혜는 종종 결탁과 뇌물을 동반했다. 따라서 사람들이 재벌과 정치권력 사이의 검은 거래를 의심하는 것은 지극히 당연한 일이다. 이런 의심이 '부정축재자' 처벌 요구로 이어졌고, 1961년에는 마침내 「부정축재처리법」이 제정되었다.

이 무렵 재벌과 관련해 제기된 문제가 하나 더 있다. 독과점으로 인한 높은 가격이 그것이다. 특히 1964년에 한 야당 국회의원의 폭로로 드러난 '삼분폭리사건'은 커다란 반향을 일으켰다. 이 사건이 계기가 되어 정부는 공정한 거래를 보장하고 경쟁을 촉진하기 위한 입법을 추진하기도 했다. 그러나 이 시도는 실현되지 못했다. 당시 정부의 선택은 직접적인 가격 통제였다.

1970년대 중반에 들어서면서는 재벌과 관련해 경제력 집중이 언론과 대중의 비판적 관심을 끌기 시작했다. 그렇지만 이때 경제력 집중은 제한된 의미를 갖는다. 이를 보여주는 사례로서 이 무렵 한 신문에 인용된 대학교수의 발언[1]을 들 수 있다. 그는 '종래의 국가 지원을 바탕으로 한 가족적 대기업군의 과도한 경제력 집중을 방지'해야 하며, 그러기 위해서는 '소유권 분산 시책'이 필요하다고 말했다. 사실 이 발언은 1974년 5월 29일에 발표된 대통령의 「기업공개 특별지시」[2]에 대한 논평의 일부이다. 그때까지도 선택과 집중이 정부의 경제성장을 위한 전략이었고, 선택된 기업은 국가의 지원과 보호를 받으면서 빠르게 성장했다. 국민들은 이제 그 성장의 과실을 나누어 갖기를 요구했고, 정부는 그 요구에 부응해 기업 공개와 소유 분산을 촉구했다. 당시 정부와 국민이 재벌과 관련해 주로 인식했던 문제는 소유 집중의 해소였던 것이다.

재벌정책이 소유 집중을 넘어 재벌그룹의 확장에 초점을 맞추기 시작한

1) 1974년 5월 29일 자 ≪동아일보≫ 2면.

2) 국무위원에게 내려진 지시의 정확한 제목은 「기업공개와 건전한 기업풍토의 조성에 관한 대통령 특별지시」. 이 지시의 취지를 인용하면, '기업자산을 소수의 특정인과 그 가족의 손에 집중하려는 폐습이 남아 있으며 이러한 현실은 오히려 기업의 건실한 발전을 크게 저해하고 있다. (중략) 이제는 기업주식을 널리 공개해 …… 한계를 극복해야 할 시점에 당도했다.' 이 특별지시는 앞선 두 입법을 잇는 것이기도 하다. 1968년 11월에 제정된 「자본시장육성법」과 1972년 12월에 제정된 「기업공개촉진법」이 이미 시행되고 있었던 것이다. 두 법은 모두 기업 공개와 주식분산을 촉진하기 위해 조세 특례 등의 유인 수단을 규정했다. 「기업공개촉진법」은 여기에 더해 정부가 특정 기업의 공개를 요구할 수 있도록 했다. 정부의 요구가 수용되지 않을 때는 금융기관의 여신(與信)을 제한할 수도 있었다. 1973년 5월의 대통령 특별지시도 이런 수단을 적극 사용하라는 것이었다.

것도 1970년대 중반이다. 1975년 말에 발행된 한 신문에서도 발견되는 표현이지만[3], '문어발' 확장이 문제로 인식되기 시작한 것이다. 이 말은 두 가지 의미로 사용되었다. 하나는 지나친 사업 다각화이고, 다른 하나는 중소기업 영역 침해이다. 이 두 가지 중 하나를 억제하기 위해 – 혹은 둘 모두를 억제하기 위해 – 정부가 제시한 대책들 중 하나가 1974년 7월부터 시행된 여신관리제도이다.

그렇지만 재벌그룹의 규모가 문제로 널리 인식되기 시작한 것은 1980년대로 들어서면서이다. 한국개발연구원이 1980년 4월에 발표하고 여러 언론이 인용한 한 보고서는 이런 인식의 계기이자 반영이다. 이 보고서는 여러 가지 측정을 통해 '경제력 집중'의 심각성을 부각하면서[4] 몇 가지 시책을 제안했는데, 그것들은 주로 공정거래나 경쟁에 초점이 맞추어져 있었다. 하지만 이러한 불일치에도 이 보고서는 시장집중과 일반집중을 구분하고 후자를 경제력 집중의 척도로 삼았다는 점에서 기존과는 다른 인식을 보여준다.

경제력 집중이라는 용어가 공식적인 지위를 갖게 된 것도 1980년대 초이다. 1980년 12월 말에 제정된 「독점규제와 공정거래에 관한 법률」(이하 「공정거래법」)은 제1조에서 '과도한 경제력의 집중을 방지'하는 것을 그 목적으로 규정했다. 그러나 이때도 이 목적을 이룩하기 위한 수단을 규정하지는 않았다. 그런 수단이 공정거래법에 규정된 것은 1986년 12월의 개정을 통해서다.[5] 「공정거래법」 제3장의 제목에 '경제력 집중의 억제'라는 문구가 더

3) 1975년 11월 25일 자 ≪동아일보≫ 2면.

4) 한국개발연구원의 이 보고서는 상위 재벌그룹의 부가가치 총액을 추정해 국민총생산과 비교함으로써 '거시적 집중'의 지수를 계산했다. 대상 기간은 1973년부터 1978년까지였다. 이 통계는 사공일(1980)에도 제시되어 있다.

5) 경제력 집중의 억제를 위한 규제를 공정거래법 개정을 통해 도입하는 것이 당시 정부의 유일한 선택지는 아니었다. 가칭 '경제력 집중 방지 특별법'을 제정하자는 주장도 정부 내외에서 제기되었기 때문이다. 1984년 7월 21일 자 ≪매일경제신문≫ 1면 참조.

해진 것도 이때의 개정을 통해서이다. 그리고 이 무렵부터는 재벌정책과 경제력 집중 억제 시책이 거의 같은 것으로 간주되었다고 할 수 있다.

1997년 경제위기를 거치면서 재벌과 관련해 경제력 집중보다 더 많이 회자된 단어들 중 하나가 기업지배구조이다. 그리고 공정거래법보다는 상법, 증권거래법, 외부감사법 등의 개정과 집단소송법 제정이 추진되었다. 이러한 법률의 개정이나 제정은 기업의 이해당사자, 특히 소수주주의 이익을 보호하고 그들에 의한 규율을 강화하는 방안이라 할 수 있다. 재벌정책에 새 차원이 더해진 것이다.

최근에는 여기에 '경제민주화'가 더해졌고, 그 핵심으로 대기업과 중소기업 또는 영세상인 사이의 거래 및 경쟁 관계가 부각되고 있다. 중소기업 적합 업종이 다시 지정되고, 3배 손해배상제도가 도입 및 확대되고, 중소기업 공동교섭권이 논의되고 있다. 그렇지만 이런 것들을 재벌정책이라고 불러도 좋을지는 의심스럽다.

2) 경제력 집중 억제 시책

앞에서 살펴보았듯이, 한국 사람들이 주목했던 재벌의 문제점은 시대적 상황에 따라 각기 달랐다. 그러다 1980년대로 들어서면서 '경제력 집중의 억제'가 공식적인 정책 과제가 되었고, 1986년 말의 제1차 공정거래법 개정을 통해 출자총액 제한을 비롯해 네 가지 규제가 도입되었다. 그렇지만 '문어발 확장'을 '경제력 집중'의 한 형태로 본다면, 경제력 집중을 억제하기 위한 정책은 여신관리제도에서 시작되었다고 할 수 있다.

(1) 여신관리제도

일반적으로 기업의 소유 집중과 빠른 성장은 양립하기 어렵다. 빠르게 성장하는 기업은 외부자금을 필요로 하는데, 외부자금을 조달하기 위해 주식을 발행하면 지배주주의 지분이 희석되고 주식 소유가 분산된다. 그렇지만 한국에서는 1970년대에 재벌그룹이 빠르게 성장했음에도 소유 분산은 이루어지지 않았다. 재벌그룹의 외부자금조달이 주로 부채, 특히 차입의 형태로 이루어졌기 때문에 가능한 일이었다.[6]

이런 배경에서 1974년 7월부터 '여신관리제도'가 시행되었다. 이 제도는 금융기관들의 「계열기업군에 대한 여신관리협정」이라는 방식을 취했지만 그 방향과 내용은 은행감독원이 정했다. 당시 정부는 이 제도의 목적을 '기업의 자기자본 충실화와 재무구조 개선 및 금융자산의 효율적 운용'이라고 밝히면서도 경제력 집중의 억제가 가장 중요한 목적임을 숨기지 않았다.

이 제도의 적용 대상은 금융기관 여신총액이 50억 원을 초과하는 '계열기업군'으로 한정되었다. 은행감독원은 계열기업군의 재무 상태를 심사해 이들을 다시 A기업군과 B기업군으로 구분했는데, 이 구분에 적용된 기준은 계열사 사이의 출자액을 차감한 자기자본총액과 전 금융기관의 여신총액 사이의 비율이었다. 이 비율이 400%를 초과하는 A기업군에 대해서는 금융기관의 추가 여신담보지급보증 및 차관지급보증이 금지되는 등의 제약이 가해졌다. 그리고 A기업군은 기업 공개, 증자, 계열사 처분, 비업무용 부동산 처분 등을 포함한 재무구조 개선 계획을 '주거래은행'에 제출해 심사 및 실적

6) 이윤호(2005)에 따르면, 1970년대 한국 기업은 외부자금의 3분의 2를 국내 또는 해외차입으로 조달했다. 정확히는 이 비중의 1971~1980년 평균이 66.8%이다. 여기에 더해 외부자금의 7.1%는 채권을 발행해서 조달했는데, 그것도 사실은 대부분 은행의 보증을 받아 발행한 것이다. 다시 말하면, 1970년대 한국 기업은 외부자금의 4분의 3을 은행을 비롯한 금융기관을 통해 조달했다. 재벌그룹의 금융기관 의존은 이보다 더 심했을 것이다.

평가를 받아야 했다.

「계열기업군에 대한 여신관리협정」은 1976년 6월에 「주거래은행 운용협정」에 의해 보완되었다.[7] 이 두 협정은 1978년 7월에 「주거래은행 여신관리협정」으로 통합되었고, 그 후 여섯 차례의 개정을 거치면서 강화되었다. 그리고 1984년 7월에는 그 내용이 「은행법」 제30조의 2에 근거를 둔 「계열기업군에 관한 여신관리시행세칙」에 포함되었다.[8] 금융기관들 사이의 '협정'이 금융기관 감독을 위한 '규칙'으로 바뀐 것이다. 간과하지 말아야 할 중요한 사실이 하나 더 있었다. 이 규칙의 목적이, '여신 편중의 시정'에 있음을 명시했다는 점이다.[9]

여신관리제도는 여러 가지 통계를 통해 그 성과를 확인할 수 있다. 그 가운데 가장 직접적인 지표는 금융기관의 여신에서 재벌그룹이 차지하는 비중일 텐데, 1970년대 후반에 들어서면서 매출 대비 은행차입 비율이 대기업에서는 하락하고 중소기업에서는 상승한다. 여신관리제도가 적어도 은행 대출에서는 어느 정도 제대로 기능했음을 보여주는 사례라 할 수 있다. 그러나 재벌그룹이 국민경제에서 차지하는 비중은 감소하지 않았다.

(2) 출자총액 제한

'경제력 집중의 억제'를 위한 여러 규제를 「공정거래법」에 들여놓는 법률

---

7) 「주거래은행 운용협정」에 따라 대상 계열기업군은 주거래은행이 아닌 은행과의 거래가 제한되었고, 매년 주거래은행의 경영진단을 받아야 했다.

8) 「은행법」이 1982년 12월에 개정되면서 제30조의 2가 추가되었다. 첫 항을 옮기면, '금융통화운영위원회는 동일계열기업군 단위로 금융기관의 대출이나 채무의 보증 또는 인수의 합계액의 한도를 정해 제한할 수 있다.'

9) 「시행세칙」 제9조(여신관리기업군의 여신한도) 은행감독원장은 계열기업군에 대한 여신편중을 시정하기 위해 필요하다고 인정할 경우에는 금융기관별로 …… 계열기업군에 대한 대출금과 여신의 증가한도를 각각 결정해 각 금융기관에 통보한다.

개정안이 1986년 12월에 국회를 통과했다. 이 규제들 중 대표적인 것이 「공정거래법」 제7조의 4에 규정된 '출자총액의 제한'이다. 이 규정의 핵심 내용은 '대규모기업집단'에 속하는 회사의 '출자총액'이 '출자한도액'을 넘지 않아야 한다는 것이다. 여기서 '출자총액'은 '당해 회사가 취득 또는 소유하고 있는 다른 국내회사 주식의 장부가격의 합계액'으로 정의되었고, '출자한도액'은 '당해 회사의 순자산액에 100분의 40을 곱한 금액'으로 설정되었다.

한 회사의 출자한도액을 계산하는 데 사용되는 '순자산액'은 당해 회사의 자산총액에서 부채총액을 뺀 금액이 아니다. 그 금액에서 '당해 회사에 대해 출자하고 있는 계열회사의 출자금액(소유주식 수에 1주당 액면가액을 곱한 금액)을 공제'해야만 당해 회사의 '순자산액'을 구할 수 있다. '순자산액'을 이렇게 정의한 배경에는 '계열회사들 사이의 출자는 …… 자산의 순환에 불과해 가공의 자본으로 보아야' 한다는 견해가 있었기 때문이다. '경제력 집중 억제 제도는 가공의 자본에 의한 계열 확장을 규제하자는 것이므로 이와 같은 순환적인 자본이 타회사 출자의 재원으로 활용되는 것도 역시 억제해야' 한다는 것이었다(공정거래위원회·한국개발연구원, 1991: 115~116).

출자총액 제한 제도는 그 세부 내용에 의해 효과가 좌우되는데, 가장 중요한 것은 물론 출자비율의 상한이다. 출자비율의 상한을 충분히 낮게 설정하면 재벌의 선택에 상당한 영향력을 미칠 수 있다. 다른 조건이 일정할 때, 재벌이 자기 돈을 더 들이지 않고 출자비율을 낮추려면 소유지분율을 높이거나 의결지분율을 낮춰야 하고, 소유지분율을 높이려면 기업집단의 자기자본을 줄여야 한다. 의결지분율 하락이나 자기자본 감소는 경제력 집중 완화로 해석될 수 있다.[10] 그런데 1987년 이후 재벌의 소유지분율과 의결지분

10) 출자총액 제한 제도의 원리에 관해서는 김진방(2007a)을 참조하라.

율이 모두 하락했다. 후자가 출자총액 제한의 효과라고 할 수는 있으나 그 효과가 유의미할 정도로 컸다고 보기는 어렵다. 1995년 4월 기준 30대 재벌의 의결지분율 평균이 42.9%로 매우 높다. 출자비율의 상한을 충분히 낮게 설정하지 않았던 것이다.

1994년 12월 「공정거래법」이 개정되면서 제10조(출자총액의 제한)의 내용이 크게 바뀐다. 우선 출자비율의 상한이 40%에서 25%로 낮추어진다. 규제가 대폭 강화된 것이다. 동시에 이 규제를 '적용하지 아니하는' 두 경우를 추가한다. 이른바 예외 인정이다. 여기에 다시 예외 인정과 구분되는 적용 제외가 1994년에 처음 도입되면서 제10조의 둘째와 셋째 항으로 들어왔다.

이 '예외 인정'이나 '적용 제외'에는 규제완화 이상의 의미가 있다. 「공정거래법」 제3장의 제목이 말하듯이 출자총액의 제한은 그 목적이 경제력 집중의 억제에 있다. 그런데 이 목적과는 거리가 먼 '중소기업과의 기술협력', '국제경쟁력 강화', '업종전문화' 등이 예외 인정이나 적용 제외의 사유가 되었다. 출자총액의 제한이 본래의 목적과는 다른 목적의 수단으로 사용되고 있는 것이다. 이것은 과거와 달리 출자총액의 제한 해제를 하나의 유인으로 사용함으로써, 경제력 집중의 억제가 아닌 다른 목적을 이루려 한다는 것을 의미한다. 이런 변용은 그 후에도 계속된다.

이미 말했듯이, 출자비율의 상한을 40%에서 25%로 바꾼 것은 큰 폭의 규제 강화이다. 이렇게 강화된 출자총액 제한 제도는 유예기간을 거쳐 1998년 4월부터 본격 시행될 예정이었다. 그렇지만 1998년 2월에 출자총액 제한 제도가 폐지되었다. 정부는 기업의 재무구조 개선을 위한 유상증자를 독려했고, 이 유상증자에 계열사가 참여하는 것을 용인했다. 계열사의 주식 취득은 외국인으로부터의 경영권 방어를 위해서도 필요하다고 여겨졌다. 출자총액 제한 제도가 이처럼 필요한 주식 취득을 어렵게 만든다는 지적에 정부는 서

둘러 그 제도를 폐지했다. 「공정거래법」에서 제10조가 삭제된 것이다.

얼마 지나지 않아 출자총액 제한 제도는 다시 도입된다. 1999년 12월 「공정거래법」 개정으로 제10조가 되살아난 것이다. 이는 급격히 늘어나는 가공자본과 순환출자에 대한 정부의 대응이었다. 다시 도입된 출자총액 제한 제도는 2002년 4월부터 본격적으로 시행될 예정이었다. 그런데 그날이 오기도 전에 여러 가지 예외 인정과 적용 제외가 추가된다. 대표적인 것이 '[당해] 회사와 동종의 영업을 영위하거나 그 회사의 사업내용과 밀접한 관련이 있는…… 회사의 주식을 취득 또는 소유하는 경우'이다. 2005년 4월부터는 지주회사뿐만 아니라 자회사와 손자회사도 출자총액 제한 제도의 적용에서 제외된다. 그뿐만이 아니다. 이른바 졸업 요건이 다시 도입되었고, 그 범위가 확대되었다.

2009년 3월에 「공정거래법」에서 제10조가 삭제되면서 출자총액 제한 제도는 다시 폐지된다. 그러나 출자총액 제한 제도는 그 전에 이미 유명무실한 규제가 되어 있었다. 더 정확히 말하면, 2007년 4월에 출자비율 상한이 25%에서 40%로 높아지기 전에 이미 효력을 상실했다. 2005년 4월 기준으로 9대 재벌그룹의 출자총액 가운데 3분의 2 이상이 이런저런 사유로 예외 인정 또는 적용 제외 대상이 되었다.[11)]

출자총액 제한 제도의 완화와 폐지에 대한 정부의 설명은 두 가지로 나뉜다. 하나는 이 제도가 기업의 투자를 저해한다는 것이다. 출자, 즉 주식 취득이 그 자체로서 수요로서의 투자나 생산력 확대로서의 투자는 아니지만,

---

11) 2005년 4월에 출자총액 제한이 적용된 재벌그룹은 9개다. 공정위 자료에 의하면, 이들의 출자총액이 17.9조 원이고, 이 가운데 5.9조 원과 3.8조 원이 각각 적용 제외와 예외 인정의 대상이다. 그러나 17.9조 원에는 지주회사와 (손)자회사의 출자총액이 포함되지 않는데, 별도로 조사한 바로는 그 금액이 8조 원을 초과한다. 이 금액까지 포함해서 비율을 계산하면, $(5.9+3.8+8.0)/(17.9+8.0) \approx 0.68$.

결국 그런 투자로 이어지기 때문에 출자총액 제한 제도가 기업의 건전한 출자와 투자를 억제한다는 것이다. 다른 하나는 내국인 지배주주가 외국인의 경영권 탈취 위협에 대응하는 수단으로서 계열사 출자를 얼마든지 사용할 수 있게 해야 한다는 것이다. 이 두 가지 이유를 들어 정부는 출자총액 제한 제도를 거듭 완화했고, 마침내는 폐지했다.

(3) 상호출자 금지

현행 「공정거래법」 제9조는 동일 대규모기업집단에 속하는 회사들 사이의 상호출자를 금지한다. 그대로 옮기면, '자기의 주식을 취득 또는 소유하고 있는 계열회사의 주식을 취득 또는 소유해서는 아니된다'. 이 조항은 1986년 12월에 추가된 제7조의 3과 그 내용이 거의 같다. 적용 대상이 되는 '대규모기업집단'의 정의가 시간이 지나면서 달라졌을 뿐이다.[12)]

상호출자는 「상법」 제342조의 2에 의해 먼저 금지되었다. 1986년 4월에 추가된 이 조항은 모회사의 주식을 자회사가 취득할 수 없도록 했다. 이 조항도 그 후 한 가지를 제외하고는 전혀 바뀌지 않았다.[13)]

「상법」에 이어 「공정거래법」이 상호출자를 금지하면서 그 적용 대상이 확대되었다. 동일 기업집단에 속하는 두 회사는 40% 미만의 주식 지분으로 연결되어 있더라도 그 반대 방향의 주식 취득이 금지된다. 이런 상호출자 금지는 우선 '가공의 출자에 근거해 서로 기업의 지배력을 교환·소유함으로 진정한 출자자들을 소외시키는 폐해'를 막는 데 그 목적이 있었지만(공정거래위원회·한국개발연구원, 1991) '경제력 집중의 억제'도 「공정거래법」에 의한

12) 자산총액이 4,000억 원 이상인 기업집단에서 자산총액 순위가 30위 이내인 기업집단을 거쳐 자산총액이 2조 원 이상인 기업집단으로 바뀌었다.

13) 적용 대상이 되는 '모회사'의 정의가 40% 이상의 주식 지분을 소유하는 회사에서 50% 이상의 주식 지분을 소유하는 회사로 바뀌었다. 상호출자 금지 대상이 축소된 것이다.

〈표 1-1〉 30대 재벌그룹[1)]의 순환출자(1997~2005년)

(단위: 십억 원)

	1997	1999	2001	2003	2005
자본총액	64,667	164,008	164,880	210,739	280,048
출자총액 [A]	15,951	41,711	44,583	58,974	81,424
순환출자액[2)] [B]	303	1,249	1,858	2,608	3,772
순환출자비중 [B/A]	1.9	3.0	4.2	4.4	4.6
1%순환출자건수	35	35	38	36	43
5%순환출자건수	10	16	20	22	27

주 1): 2004년 4월 시점에서 자산총액이 5조 원을 초과하는 재벌그룹. '친족 분리'로 인해 생겨난 파생 재벌그룹을 포함하므로 그 수는 시간이 흐르면서 25개에서 35개로 증가.
주 2): 순환출자액은 순환출자를 해소하기 위해 처분해야 하는 최소 금액의 주식가액.
자료: 김진방(2007b).

상호출자 금지의 중요한 목적이었다.

「공정거래법」으로 상호출자를 금지하지 않았더라면 재벌의 상호출자가 급증했을까? 적어도 당분간은 그렇지 않았을 것이다. 이런 추측은 상호출자의 거의 완벽한 대체 수단이라고 할 수 있는 순환출자가 늘지 않았다는 사실에 의해 뒷받침된다. 그런데 사정이 달라졌다. 2000년 무렵에 일부 재벌그룹에서 순환출자가 생겨났다. 5% 이상의 주식 지분으로 연결된 순환출자를 30대 재벌그룹에서 찾아보면, 〈표 1-1〉에 정리되어 있듯이, 1997년 말에는 10건이 발견되지만 2001년 말에는 20건이 발견되고 2005년 말에는 27건이 발견된다. 이는 상호출자 금지의 무력화로 해석될 수 있다.

「공정거래법」의 상호출자 금지 규정이 사실상 있으나 마나 한 법이 되었음에도 정부는 아무런 조처도 취하지 않았다. 흥미로운 사실은 1986년에 도입된 「상법」의 상호출자 금지 규정은 처음부터 상호출자와 순환출자를 동일시해 후자도 함께 금지했다는 점이다. 이에 비해 「공정거래법」의 상호출자 금지 규정은 순환출자라는 회피 수단을 허용했고, 지금까지도 허용하고 있다.[14] '가공의 출자에 근거해 서로 기업의 지배력을 교환·소유함으로 진정한 출자자들을 소외시키는 폐해'를 계속 외면하고 있는 것이다.

(4) 지주회사 규제

다른 회사의 주식을 소유하면서 그 사업내용을 지배하는 것을 주된 사업으로 삼는 회사를 가리켜 지주회사라 부른다. 1986년 12월 말에 개정된 「공정거래법」 제7조의 2가 금지하는 것이 바로 이런 회사의 설립이다.

지주회사는 소수의 개인이 제한된 자금을 들이고서도 다수의 대기업을 지배하기 위해 사용할 수 있는 수단이다. 과거 일본에서는 재벌이 이런 목적으로 지주회사를 사용했다. 제2차 세계대전 이후 일본에서 군정을 시작한 미군은 이런 식으로 지주회사가 소유하고 있던 주식을 몰수했고, '과도한 경제력 집중'을 방지하기 위해 지주회사 설립을 법률로 금지했다.

1986년까지 한국에서는 지주회사가 드물었다. 다른 회사의 주식을 소유하는 회사가 흔하긴 했지만 「공정거래법」 제7조의 2가 적용될 만큼 많이 소유하는 회사는 드물었다는 것이다.[15] 그런데도 지주회사 설립을 금지하는 제7조의 2가 「공정거래법」에 추가되었다.

1999년 4월부터는 더 이상 지주회사 설립을 금지하지 않게 되었다. 지주회사의 설립에 관한 「공정거래법」의 조항 내용이 '금지'에서 '신고'로 개정

14) 순환출자를 허용하는 이유에 대해 지금까지 정부는 아무런 말을 하지 않았다.

15) 「공정거래법」 제7조의 2는 지주회사의 구체적 정의를 대통령령으로 정하게 했다. 1987년 4월 개정된 대통령령 제14조는 '주된 사업'과 관련해 100분의 50이라는 기준을 제시한다. '지주회사는 다른 회사의 사업내용을 지배할 목적으로 소유하는 주식의 대차대조표상의 장부가액의 합계액이 당해 회사 자산총액의 100분의 50 이상인 회사로 한다.' 그리고 '지배'에 대해서는 공정거래위원회의 「지침」이 있는데, 그 내용은 기업집단의 범위에 대한 대통령령의 규정과 비슷하다. 즉, 최다출자자인 동시에 '발행주식 총수의 100분의 30 이상을 소유'하는 것이 '지배'의 요건이다. 이 기준과 요건은 지금도 그대로 사용된다.

된 것이다. 이 개정은 지주회사에 대한 정부의 바뀐 인식을 반영한다. 지주회사 체제가 기업집단의 구조조정에 유리하고 기업경영의 투명성과 책임성을 높인다고 판단한 정부는 오히려 지주회사 체제로의 전환을 권장했다.

그렇지만 지주회사가 재벌그룹의 확장과 총수의 지배력 강화를 위한 수단이 될 수 있다는 우려도 여전했다. 그래서 여러 가지 행위 규제가 도입되었다. 대표적인 것이 지분율 규제이다. 지주회사가 소유하는 자회사 주식에 하한을 둔 것인데, 한 회사의 주식을 많이 소유하면서는 많은 회사의 주식을 소유할 수 없으므로 자회사의 수가 제한될 것이라는 게 이 규제의 논리이다. 같은 논리로 자회사가 소유하는 손자회사 주식에도 하한을 두었다. 이와 함께 지주회사의 부채비율에 상한을 둔 것도 자회사의 수와 규모를 제한하기 위해서이다. 그렇지만 이런 규제도 다음 정부에서 대폭 완화되었다. 지분율 하한이 낮아졌고, 부채비율 상한이 높아졌으며, 손자회사 제한이 없어졌다. 이제 지주회사 행위 규제 중 유의미한 것은 일반지주회사가 금융보험회사를 (손)자회사로 갖지 못하는 것뿐이라고 해도 과언이 아니다.

그러자 여러 재벌이 핵심회사를 지주회사로 전환했다. 그 전환은 대부분 세 과정을 거쳤다. 첫째는 핵심회사의 자사주 매입이다. 둘째는 핵심회사의 인적분할이다. 셋째는 지주회사의 신주와 자회사 주식의 맞교환이다. 이 세 과정을 거치면서 그룹에 대한 총수일가의 지배력은 두세 배로 커진다.[16] 예를 들어 SK(주)는 〈표 1-2〉에서 보듯이 자사주 취득에 이은 인적분할과 주식 교환을 거치면서 내부지분율이 12.2%에서 27.7%로 높아졌다. 의결권이 없는 자사주를 제외하고 계산하면, 지배주주가 차지하는 의결지분이 14.7%에서 32.1%로 높아졌다. 이런 전환의 과정과 결과는 〈표 1-3〉에서 보듯이

16) 이에 대한 상세한 설명은 Kim(2013)을 참조하라.

〈표 1-2〉 SK(주)의 지주회사 전환과 내부지분 변화

(단위: 주, %)

	2007.6.30		감소한 주식 수	증가한 주식 수	2007.12.31	
	주식 수	비율			주식 수	비율
SK C&C	14,365,127	11.16	10,199,241	7,770,849	11,936,735	25.42
총수	1,252,525	0.97	889,293	677,555	1,040,787	2.22
가족	38,150	0.03	27,087	10,358	21,421	0.05
합계	15,655,802	12.17	11,115,621	8,458,762	12,998,943	27.68
의결지분		14.72				32.11
자기주식	22,310,340	17.34	15,840,341	14,247	6,484,246	13.81
발행주식	128,695,064		91,373,495	9,640,243	46,961,812	

자료: SK(주)의 사업보고서.

〈표 1-3〉 재벌그룹 핵심회사의 지주회사 전환과 지배주주의 지배력 강화

(단위: %)

전환일	지주회사	자기주식	지배주주에게 할당된 주식	의결권		
				이전 (A)	이후 (B)	B/A
2001년 4월	LGCI	6.66	52.90	17.91	45.85	2.56
2002년 4월	LGEI	10.75	61.47	17.78	54.16	3.05
2007년 7월	SK	17.34	87.74	14.72	32.11	2.18
2007년 8월	한진중공업	19.58	98.58	20.79	56.65	2.72
2007년 9월	CJ	19.10	98.05	24.34	50.08	2.06
2008년 9월	한국철강	22.68	91.37	49.28	59.11	1.20
2009년 12월	한진해운	15.82	71.17	21.74	57.34	2.64
2009년 12월	코오롱	19.91	99.78	19.11	59.10	3.09
평균		19.07	19.12	23.21	51.80	2.44

자료: 각 회사의 사업보고서.

다른 재벌에서도 다르지 않다. 그리고 이런 결과야말로 여러 재벌이 핵심회사를 지주회사로 전환한 가장 큰 이유이다.

(5) 금융보험사 의결권 제한

1982년에 「은행법」이 개정되면서 제17조의 3이 신설되었다. 이 조항의 내용은 동일인의 주식 소유 한도를 8%로 제한함으로써[17] 재벌의 시중은행 소유를 공식적으로 금지하는 것이다. 그런데 그 금지가 은행 이외의 금융회사에는 적용되지 않았다. 1980년대 중반 설립된 투자금융회사 32개 중 24개와 종합금융회사 5개 모두를 재벌이 소유하고 지배했다. 재벌은 그 전에 이미 생명보험회사 6개 모두와 증권회사 26개 중 11개를 소유하고 있었다.

은행처럼 금융회사와 보험회사도 자기자본보다 훨씬 많은 자금을 운용한다. 재벌이 금융회사나 보험회사를 지배하면 그 자금이 계열회사 출자 방식으로 재벌의 지배력 강화와 확대에 동원되기 쉽다. 금융회사와 보험회사가 경제력 집중의 수단이 되어버리는 것이다. 이를 막기 위한 규제가 의결권 제한이다. 금융회사나 보험회사가 소유하는 계열회사 주식에 대해서는 재벌이 의결권을 행사하지 못하게 하는 것이다. 1986년 12월에 「공정거래법」이 개정되면서 제3장에 추가된 제7조의 5는 그 제목이 '금융·보험회사의 의결권 제한'이다.[18]

이 규제는 그 후 오랫동안 유지되었다. 그러다가 2002년 1월에 폐지에 가까운 변경이 이루어진다. 이사 임면이나 정관 변경과 같은 중요 사안에 대해서는 특수관계인과 합해 발행주식의 30%까지는 의결권을 행사할 수 있게 한 것이다. 이는 모든 사안에 대해 얼마든지 의결권을 행사할 수 있게 하는

---

17) 은행 주식의 동일인 소유 한도는 1994년 12월에 4%로 낮아졌고, 2002년 4월부터는 이 소유 한도가 '비금융주력자'에게만 적용되었다. 그렇지만 2009년 7월에 「금융지주회사법」이 개정되면서 은행지주회사에 대해서는 '비금융주력자'의 주식 소유 한도가 9%로 높아졌다.

18) 제7조의 5를 그대로 옮기면 다음과 같다. '대규모기업집단에 속하는 회사로서 금융업 및 보험업을 영위하는 회사는 취득 또는 소유하고 있는 국내계열회사주식에 대해 의결권을 행사할 수 없다.'

것과 다르지 않으며, 의결권 제한을 완전히 철폐한 것과 마찬가지이다. 이처럼 철폐에 가까운 변경에 대해, 정부가 제시한 근거는 외국인에 의한 경영권 탈취를 방지한다는 것이었다. 재벌의 지배력 강화가 외국인에 대응하기 위해서라면 금융회사나 보험회사의 자금을 사용해도 좋다는 게 당시 정부의 생각이었다고 해석할 수 있다.

금융회사와 보험회사가 보유한 주식의 의결권을 제한하는 「공정거래법」의 규제는 2004년 11월의 개정을 통해 부분적으로 그리고 단계적으로 복구된다. 중요 사안에 대해 행사할 수 있는 의결권의 상한을 매년 5%씩 낮춰 2008년 4월부터는 15%가 되도록 한 것이다. 이에 대한 정부의 공식 설명은 '금융·보험사 의결권의 제한적 허용이 경영권 방어보다는 계열회사 확장 수단으로 활용되는 측면이' 컸다는 것이다(공정거래위원회, 2012: 118). 재벌의 경영권 방어를 위해서라면 금융회사나 보험회사의 자금을 사용해도 좋다는 정부의 생각이 바뀌지는 않았음을, 이 발언을 통해 알 수 있다. 이와 함께 확인할 수 있는 정부의 생각은 금융회사나 보험회사의 자금이 재벌의 그룹 확장을 위한 수단으로 사용되어서는 안 된다는 것이다. 그리고 15%의 의결권이 경영권 방어 수단은 될 수 있고 그룹 확장의 수단은 될 수 없다는 게 당시 정부의 공식 견해이다.

3) 기업지배구조 개선 입법

'경제력 집중의 억제'를 내걸고서 1986년 말에 도입된 여러 규제는 재벌그룹의 규모를 제한하는 것일 수도 있고 총수의 지배력을 제한하는 것일 수도 있다. 그런데 총수의 지배력에 대해서는 그 후 정부의 인식이 바뀐다. 특히 1997년의 경제위기 이후 외국인의 주식 취득이 허용되면서부터는 총수의 지배력을 외국인 주주의 '위협'으로부터 보호해야 할 대상으로 여기게 되었다. 이런 정부의 인식 전환이 한 요인이 되어 '금융·보험사의 의결권 제한'을 비롯한 여러 규제가 폐지 또는 완화되었다. 그러면서도 정부는 총수의 지배력이 남용되는 일은 막으려 했는데, 그 방법으로 선택한 것이 기업지배구조와 관련된 여러 법규의 개정 또는 제정이었다. 그러나 실제로 유효한 개정 또는 제정은 적었다.

(1) 사외이사

1998년 2월에 「유가증권상장규정」이 개정되면서 시행된 사외이사제도는 경제위기 이후 기업지배구조 개선을 위해 가장 먼저 도입된 제도이다. 지금은 「상법」에 규정되어 있는 이 제도에 의하면[19], 상장회사는 '회사의 상무에 종사하지 않는 이사'가 이사 총수의 4분의 1 이상이 되도록 해야 하며[20], 지배주주 본인이나 그의 친인척 및 '특수관계인'은 사외이사가 될 수 없다. 그렇지만 사외이사 선임에서 지배주주를 배제하는 조치는 취해지지 않았다. 그 후 '사외이사 후보추천위원회'를 설치하게 하는 등의 규정이 추가되긴 했으나[21] 그것으로 사외이사 선임에서 지배주주의 영향력이 줄었다고 보기는 어렵다.

사외이사의 핵심 역할은 감시와 견제이다. 그 역할에 충실할 수 있으려면

19) 1998년 2월에 「유가증권상장규정」이 개정되면서 사외이사 관련 조항이 신설되었다. 이 조항은 2001년 1월에 「증권거래법」으로 옮겨졌고, 2009년 1월에 다시 「상법」으로 옮겨졌다.

20) '다만, 자산규모 등을 고려해 대통령령으로 정하는 상장회사의 사외이사는 3명 이상으로 하되, 이사 총수의 과반수가 되도록 해야 한다.' 「상법」 제542조의 8 제1항.

21) 2001년 1월에 개정된 「증권거래법」 제191조의 16 제3항에 의하면, 상장회사는 '사외이사 후보를 추천하기 위해 …… 위원회를 설치해야 한다. 이 경우 사외이사 후보추천위원회는 사외이사가 총 위원의 2분의 1 이상이 되도록 구성해야 한다.'

독립적이어야 한다. 미국의 여러 회사처럼 전문경영인 체제가 확립되어 있는 경우에는 최고경영자로부터의 독립이 사외이사제도의 핵심이고, 한국의 재벌기업에서는 총수로부터의 독립이 사외이사제도의 핵심이다. 하지만 한국의 사외이사제도는 그런 독립성을 확보하지 못했다. 총수의 뜻대로 선임된 사외이사에게 총수에 대한 감시와 견제의 역할을 기대하기는 어렵다.

(2) 집중투표

1998년 12월에 개정된 「상법」은 2인 이상의 이사를 선임하는 주주총회에서 주주들이 '집중투표'를 청구할 수 있게 했다. 이 요구가 관철되면, 각 주주는 1주마다 선임할 이사의 수와 같은 수의 의결권을 가지며, 그 의결권을 후보자 1인에게 집중해 투표할 수 있다. 이 경우에는 과반의 주식을 소유한 주주라도 이사회를 자신의 뜻대로 구성하지 못할 수 있다.[22] 재벌기업에서도 총수가 원하지 않는 이사가 선임될 수 있다는 것이다.

그러나 「상법」 제382조의 2에 규정된 집중투표제도는 단서를 포함하고 있다. 회사의 '정관에서 달리 정하는 경우'에는 주주들이 청구하더라도 집중투표를 실시하지 않을 수 있게 한 것이다. 그 후 재벌기업들은 대부분 정관을 고쳐 집중투표를 배제했다.[23] 기업지배구조를 개선하기 위해 도입된 집중투표제도가 유명무실해진 것이다. 그리고 이 결과는 「상법」 제382조의 2에 단서를 넣기로 하는 순간 누구나 예상할 수 있었던 것이다.

---

22) 3인의 이사를 선임하는 주주총회에서 집중투표가 실시되는데 74.9%의 지분을 확보한 최대주주와 25.1%의 지분을 확보한 소수주주가 맞선다면, 소수주주도 자신이 선택한 1인의 이사는 선임되게 할 수 있다.

23) 이승희(2009)에 따르면, 한국 상장기업 중에서 집중투표제를 도입하고 있는 기업은 7.4%에 지나지 않는다.

(3) 주주대표소송

제대로 구현되지는 않았지만, 경제위기 이후에 도입된 사외이사제도와 집중투표제도의 취지는 소수주주가 이사회를 통해 지배주주를 견제할 수 있게 하는 것이었다. 이 두 제도의 도입 외에도 소수주주의 권리를 강화하기 위한 여러 법률 개정이 경제위기 이후에 이루어졌다. 그 가운데 소수주주의 대표소송 제기[24], 회계장부열람 청구, 주주총회소집 청구 등을 쉽게 하는 동시에 주주제안권을 신설하는 「상법」 개정은 1998년 12월에 이루어졌다.

강화된 소수주주권은 부분적으로 유효했다. 특히 주주의 대표소송이 그러했다. 여러 건의 대표소송 중 일부는 승소로 끝나기도 했다. 그렇지만 대표소송제도도 두 가지 개선이 이루어져야 한다는 주장이 제기되었다. 하나는 소송 제기를 위한 주주의 지분 요건에 관한 것이다. 5% 이상의 지분을 소유해야 제기할 수 있었던 대표소송을 1% 이상의 지분을 소유하면 제기할 수 있게 했지만, 이 요건을 훨씬 더 완화해야 한다는 것이다. 다른 하나는 이중대표소송 또는 다중대표소송의 허용이다. 모회사의 주주가 자회사 또는 손자회사의 이사를 대상으로도 소송을 제기할 수 있게 해야 한다는 것이다.

(4) 지배주주의 책임

지배주주의 책임을 강화하는 것도 소수주주의 권익을 보호하는 방법이 될 수 있다. 1998년 12월에 「상법」이 개정되면서 신설된 제401조의 2의 표제는 '업무집행지시자의 책임'이다. 이 조항에 의해, '회사에 대한 자신의 영향력을 이용해 이사에게 업무집행을 지시한 자'는 이사와 마찬가지로 회사

24) 일정 비율 이상의 주식을 소유한 주주는 회사에 대해 이사의 책임을 추궁할 소의 제기를 청구할 수 있는데, 회사가 이 청구를 받아들이지 않을 경우 그 주주는 회사를 위해 소를 제기할 수 있다. 이를 가리켜 대표소송이라 부르며, 승소에 따른 이사의 손해배상은 회사에 귀속된다.

에 끼친 손해를 배상할 책임을 지며 주주가 제기하는 대표소송의 피고가 될 수 있다. 이사로 나서지 않고서 배후에서 영향력을 행사하는 지배주주에게도 소수주주가 책임을 물을 수 있게 된 것이다.

하지만 법원이 「상법」 제401조의 2를 인용하면서 지배주주에게 손해배상의 책임을 지게 한 경우는 아직 없다.[25] 그렇다고 해서 이 규정이 아무런 효력을 갖지 않는다고 단정해서는 안 된다. 더 중요한 것은 이 규정의 사전적 효력인데, 문제는 그것을 측정하기 어렵다는 점이다.

(5) 이사의 의무

이사의 의무를 강화하는 것 역시 소수주주의 권익을 보호하는 방법이 될 수 있다. 1998년 12월에 개정된 「상법」은 제382조의 3에서 '이사의 충실의무'를 명시했다. '이사는 법령과 규정에 따라 회사를 위해 그 직무를 충실하게 수행해야 한다.' 이렇게 명시된 충실의무는 주로 이사의 개인적 이익과 회사의 이익이 충돌할 때 적용된다. 이사는 이런 이익 충돌 상황 자체를 벗어나야 하며, 오로지 회사의 이익을 위해 행동해야 한다.

「상법」 제382조의 3이 신설되기 전에도 동법 제382조에 의해 이사에게는 '선량한 관리자의 주의의무'가 부여되고 있었으며, 이 주의의무가 충실의무도 포함한다는 학설이 있었다. 「상법」 382조의 3은 그 점을 명백히 하기 위해 신설된 것이다. 그렇지만 그 조항이 법원의 판결에서 적극적으로 인용된 적은 아직 없다.[26] 사실 한국에서는 「상법」 제382조의 3처럼 추상적인 규정이 실질적인 효력을 갖기는 어렵다.

---

25) 2009년 12월 23일 자 대구고등법원의 판결이 「상법」 제401조의 2를 인용한다. 그렇지만 그 인용은, 피고는 지배주주가 아니므로 업무집행지시자일 수 없다는 판단을 내리기 위한 것이다.

26) 권재열(2009) 참조.

3. 재벌정책의 재구성과 경제민주화 방안

1) 대통령 후보의 공약과 발언

재벌개혁 또는 경제민주화와 관련해 두 정당의 대통령 후보가 내놓은 공약이나 발언을 검토하면서 우리는 한편으로는 예전과 다른 부분을 찾을 수 있고, 다른 한편으로는 서로 다른 부분을 찾을 수 있다. 여기서는 박근혜 대통령이 후보 시절에 내놓은 공약과 그 주변의 발언을 중심으로 두 부분을 함께 보기로 한다.

(1) 경제력 집중 대 경제력 남용

상대 후보와 박근혜 후보의 차이는 경제력 집중에 대한 인식에서 가장 뚜렷하다. 박근혜 후보 측은 최종 공약집에서 '공정하고 투명한 시장경제 확립'을 경제민주화를 위한 핵심과제로 제시했으며, 그에 앞서 다른 여러 발언을 통해 경제력 남용의 방지를 강조했다. 하지만 그러면서도 경제력의 남용이 경제력의 집중에서 비롯된다는 지적과 경제력 집중을 야기하는 구조의 개혁이 필요하다는 주장에 대해서는 직접적인 대응을 피하면서, 그런 개혁으로 인해 발생할 수도 있는 비용을 강조하거나 제시되는 수단의 실효성을 부인했다. 최종 공약집에서 '경제민주화'가 피해야 할 것으로 '국민경제에 [줄 수 있는] 큰 부담'과 '부작용'을 언급했던 것도 이런 맥락에서였다. 그리고 주변에서는 헌법 119조 2항도 '경제력의 남용을 방지'해야 한다고 쓰여 있음을 지적하면서 경제력 집중의 방지 또는 억제를 정책목표에서 제외한 자신들의 선택을 정당화하기도 했다.

(2) 순환출자 금지

구체적 사안에 대한 발언에서도 앞에서 말한 특징이 잘 드러나는데, 대표적인 것이 순환출자 문제이다. 박근혜 후보는 신규 순환출자 금지를 공약하면서도 기존 순환출자 유지를 허용해야 한다고 주장했다. 재벌그룹의 기존 소유지배구조에 조금이라도[27] 영향을 미칠 수 있는 제도는 도입하지 않겠다는 것이다. 이런 방향성 못지않게 의미 있는 것은 기존 순환출자 해소의 '비용'에 관한 박근혜 후보 측 발언이다. 원래 재벌그룹의 순환출자 해소는 일부 계열사가 갖고 있는 일부 계열사 주식을 매각하는 것이며, 이 경우 해당 기업으로 주식 매각 자금이 유입된다. 그리고 이때 모든 계열사의 내부 지분율을 예전처럼 유지하려면 총수일가가 개인 자금으로 그만큼의 주식을 매수해야 한다. 기업으로 유입되는 자금이 총수일가의 자금이어야 한다는 것이다. 그런데 박근혜 후보 측에서는 순환출자 해소를 위해서 기업이 비용을 지출해야 한다고 주장하며 여기에 반대한다. 오해에서 나온 발언일 수도 있으나 재벌총수와 재벌기업을 동일시하는 생각을 드러낸 것일 수도 있다.

(3) 지주회사 규제

순환출자에 대한 박근혜 후보 측의 발언이 그러하듯이, 우리는 종종 무엇을 하겠다는 발언에서보다는 무엇을 하지 않겠다는 발언, 혹은 아예 언급을 하지 않으려는 태도에서 더 많은 것을 알아낼 수 있다. 그런 예가 지주회사 규제에 대한 박근혜 후보 측의 태도이다. 1997년 경제위기 이후 진행된 재벌기업의 대규모 유상증자와 2세 내지 3세로의 승계 및 분할은 총수일가의

27) 30대 재벌그룹이 기존 순환출자를 완전히 해소하기 위해 매각해야 하는 주식의 평가액은, 2012년 11말 기준으로 10조 4,000억 원가량으로 추정된다. 이는 전체 계열사 출자의 4~5% 정도에 불과할 것으로 추정된다. 그리고 한국 유가증권시장의 2012년도 1개월 평균 주식거래액의 10%에 지나지 않는다.

지배력 약화로 이어질 수 있었다. 이를 피하기 위해 재벌이 동원한 수단은 두 가지인데, 하나가 순환출자이고 다른 하나가 지주회사 전환이다. 지주회사에 대한 행위 규제가 완화되면서 지주회사 전환은 총수일가의 지배력 강화 및 세습을 더욱 편리하게 만드는 수단이 되었다. 이런 현실에 대해 박근혜 후보 측은 아무런 방안을 내놓지 않았다. 언급조차 하지 않았다. 박근혜 후보 측이 총수일가의 지배력 강화와 세습을 오히려 긍정적으로 보고 있는 듯한 인상마저 주는 부분이다.

(4) 금융보험회사 의결권 행사 제한

박근혜 후보가 하겠다는 것들 중에서도 이상한 점이 발견된다. 금융보험회사의 의결권 행사를 '단독금융회사 기준으로 5%'로 제한하겠다고 말하면서 이 제한을 금산분리 강화 방안으로 규정한 것이다. 이에 비해 현행 「공정거래법」은 금융보험회사로 하여금 지배주주, 계열사 등 특수관계인과 합해 15% 이내로만 의결권을 행사할 수 있게 하고 있다. 이 현행 규제가 박근혜 후보의 공약대로 바뀌면 재벌총수는 특수관계인과 합하거나 다수의 금융회사를 통해 15%보다 많은 의결권을 행사할 수 있다. 특히 삼성생명, 삼성화재, 삼성증권, 삼성카드 등이 삼성에버랜드와 합해 지금보다 훨씬 많은 주식 지분을 취득해 의결권을 행사할 수 있게 되고, 이는 결국 금산결합이 강화되는 결과로 이어질 것이다. 그런데도 박근혜 후보는 "단독금융회사 기준 5%"를 금산분리 강화 방안이라고 부른다.

(5) 일반지주회사의 금융보험회사 지배

어떤 이유에서인지 최종 공약집에는 포함되지 않았으나, 박근혜 후보 측이 강조하며 제시했던 또 다른 금산분리 강화 방안은 일반지주회사로 하여금 금융지주회사를 자회사로 두게 하는 것이다. 이상하기로는 이 방안도 "단독금융회사 기준 5%"에 뒤지지 않는다. 지주회사 설립 및 전환을 허용한 1999년 개정 공정거래법은 일반지주회사가 금융보험회사를 (손)자회사로 두지 못하게 했다. 총수가 지배력을 강화하기 위해 지주회사로 전환할 때 금융보험회사는 떼놓고 가라는 취지였다. 그리고 그 규제를 이명박 정부가 폐지하려 했다. 금산분리를 완화하겠다는 것이다. 그런데 박근혜 후보는 그 규제를 실질적으로 폐지하겠다고 하면서 그 폐지를 금산분리 강화 방안이라고 말했다. 재벌로 하여금 지주회사 체제로 전환하더라도 금산분리를 하지 않아도 되도록 하는 것이 금산분리 강화 방안이라는 주장은 어불성설이다. 일반지주회사의 금융회사 소유에 대해 새롭게 한 가지 제약을 부가하기는 했다. 일반지주회사가 금융회사를 소유할 때는 금융지주회사를 통해야 한다는 것이다. 이 제약을 가리켜 금산분리 강화라고 말하려면 일반지주회사의 금융회사 소유 허용을 기정사실로 전제해야 한다. 그러나 일반지주회사의 금융회사 소유를 금지하는 기존 규제와 비교하면 그 제약하에서 일반지주회사의 금융회사 소유를 허용하는 것이 결코 금산분리 강화가 될 수 없다.

(6) 사외이사 선임에서 지배주주 배제

박근혜 후보 측은 기업지배구조의 개선에 대해서도 소극적이기는 했지만 경제력 집중의 억제에 대해서처럼 부정적이지는 않았다. 박근혜 후보는 공약집 『세상을 바꾸는 약속, 책임 있는 변화』에서 '경제민주화'라는 큰 제목 아래 '기업지배구조 개선'을 작은 제목으로 두고 그 밑에서 네 가지를 약속했는데, 그중 하나가 '소액주주 등 비지배주주들이 독립적으로 사외이사를 선임할 수 있는 시스템 구축'이다. 총수일가 지분과 계열사 지분을 합한 내부지분율의 30대 재벌기업 평균이 40%를 상회하는 현실에서 이런 시스템을 어떻게 구축하겠다는 것인지 의심스럽기는 하지만, 그 '약속'이 온전히 지켜지기만 한다면 재벌체제에 적잖은 '변화'가 생길 수도 있다.[28)]

(7) 집중투표제의 배제 없는 시행

박근혜 후보가 공약집에서 '기업지배구조 개선'과 관련해 내건 네 가지 약속 중에는 '집중투표제의 단계적 도입'도 있다. 국민의 정부에서 이미 집중투표제가 도입되었는데도 다시 도입하겠다는 말은 기존 「상법」 제382조의2 제1항에서 '정관에서 달리 정하는 경우를 제외하고는'라는 문구를 삭제하겠다는 의미였음이 분명하다. 적어도 그렇게 받아들일 수밖에 없게 공약집에 쓰여 있다. 92.6%의 상장회사가 집중투표제를 정관으로 배제하고 있는 현실에서 이런 방식의 집중투표제 '도입'은 적잖은 의미를 가질 수 있다.[29)]

(8) 다중대표소송제 도입

박근혜 후보가 집중투표제와 함께 '단계적 도입'을 약속한 것이 '다중대표소송'이다. 한국 재벌그룹의 가장 중요한 특징이 다단계 출자이고, 이런 다단계 출자에서 주주대표소송이 가지는 의의는 매우 제한적이다. 다중대표소송은 바로 이런 제한을 넘을 수 있도록 하는 제도이다. 이 제도는 예컨대 삼성물산 주주들이 삼성물산을 대신해서 삼성SDS 이사들을 대상으로 소송

28) 이와 관련해 2013년 7월에 법무부가 내놓은 「상법」 일부개정(안)은 주목할 만하다. 이 개정안에 따르면, 상장회사가 감사위원회위원이 될 사외이사를 선임할 때는 최대주주와 그의 특수관계인이 의결권을 행사하지 못한다. 모든 사외이사 선임에서 지배주주를 배제하지는 않지만 감사위원회위원이 될 사외이사의 선임에서는 지배주주를 배제하겠다는 것이다. 만약 이 개정안대로 입법된다면, 사외이사에 관한 박근혜 후보의 공약이 부분적으로나마 지켜졌다고 할 수 있다.

29) 법무부의 「상법」 개정안은 상장회사가 정관으로 집중투표를 배제하려는 경우에 개별 주주가 행사할 수 있는 의결권을 3% 이하로 제한한다. 이 정도의 제한으로는 '집중투표제의 단계적 도입'을 이룰 수 있을 것 같지는 않다.

을 제기할 수 있게 한다. 재벌의 부적절한 거래가 주로 비상장회사를 통해 이루어지고, 그런 부적절한 거래로 인한 손해가 결국에는 그 비상장회사의 대주주인 상장회사 및 일반주주들에게 넘겨지는 게 우리의 현실이다. 이런 현실을 개선하는 데 다중대표소송이 얼마간 도움이 될 수 있다. 그러나 박근혜 후보가 약속한 '단계적 도입'이 무엇인지는 분명하지 않다.30)

(9) 집단소송제

박근혜 후보가 공약집에서 기업지배구조 개선과 관련해 언급하지 않음으로써 반대한 것들 중에서 지적하지 않을 수 없는 게 있으니, 집단소송제가 바로 그것이다. 사실 박근혜 후보가 '집단소송제 도입'을 약속하기는 했다. 그러나 그 도입은 '기업지배구조 개선'을 위해서가 아니라 '공정거래 관련법의 집행 체계 개선'의 일환이며, 따라서 집단소송제는 오로지 '공정거래법 위반'에 대해서만 적용하겠다고 했다. 여기서 말하는 '공정거래법'은 「공정거래법」뿐 아니라 「하도급법」 등도 포함한다고 여겨진다. 그렇지만 그 공약이 현행 「증권관련집단소송법」을 개정하거나 새로운 집단소송법을 제정해 지배주주와 경영진의 불법행위 일반에 대해 주주들이 집단소송을 제기할 수 있게 하겠다는 것은 아니다. 더 정확히 말하면, 그런 법 개정이나 제정은 하지 않겠다는 것이다. 여기서도 기업지배구조 개선에 관한 박근혜 후보의 소극성이 잘 드러난다고 하겠다.

---

30) 법무부의 「상법」 개정안에서는 모회사의 주주가 자회사 이사를 대상으로 대표소송을 제기할 수 있다. 그런데 현행 「상법」에서 모회사와 자회사는 50% 이상의 주식 지분으로 연결된 회사를 가리킨다. 한국 재벌그룹에서는 한 계열사의 주식을 여러 계열사가 나눠 소유하는 경우가 많으며, 이 경우에 개별 계열사가 소유하는 주식은 발행주식의 50%를 넘지 않는 경우가 많다. 따라서 법무부의 개정안대로 입법이 되더라도 다중대표소송은 매우 제한적으로만 가능할 것이다.

(10) 일감몰아주기

하나만 더 지적하기로 한다. 박근혜 후보의 공약집에서 '경제민주화'라는 큰 제목 아래에 놓인 다섯 개의 작은 제목 가운데 넷째가 '대기업집단 총수일가의 불법 및 사익편취행위 근절'이고, 그와 관련된 세 약속 가운데 하나가 '일감몰아주기 등 총수일가의 부당내부거래 금지 규정을 더욱 강화하고

〈표 1-4〉 박근혜 대통령 후보의 경제민주화 공약

1. 경제적 약자의 권익보호
1) '중소기업적합업종제도'의 실효성 제고로 중소기업 사업영역 보호 2) 중소도시 대형마트의 신규입점은 지역협의체에서 합의된 경우에 한해 허용 3) 대형유통업체의 납품·입점에 대한 불공정행위, 가맹점에 대한 불공정행위 근절 4) 건설·IT분야 등 하도급 불공정특약에 따른 중소사업자 피해방지 5) 소비자권익증진을 위해 소비자보호기금 설립, 소비자 피해구제 명령제 도입
2. 공정거래관련법 집행 체계 개선
1) 공정거래위원회 전속 고발권 폐지 2) 공정거래법 위반에 대한 징벌적 손해배상제와 집단소송제 도입 3) 공정거래법 위반행위의 피해자가 직접 법원에 해당행위 금지를 청구하는 제도 도입
3. 대기업집단 총수일가의 불법 및 사익편취행위 근절
1) 「특정경제범죄가중처벌법」상 횡령 등에 대해 집행유예 불가능하도록 형량을 강화 2) 대기업 지배주주·경영자의 중대범죄에 대해서는 사면권 행사를 엄격히 제한 3) 일감몰아주기 등 총수일가의 부당내부거래 금지 규정을 더욱 강화하고 부당내부거래로 인한 부당이익은 환수
4. 기업지배구조 개선
1) 대규모기업집단에 대한 신규 순환출자 금지 2) 소액주주 등 비지배주주들이 독립적으로 사외이사를 선임할 수 있는 시스템 구축 3) 독립성 강화를 전제로 국민연금 등 공적연기금의 의결권 행사강화 4) 집중투표제, 전자투표제, 다중대표소송제도 단계적 도입
5. 금산분리의 강화
1) 금융·보험회사 보유 비금융계열사 주식에 대한 의결권 상한을 단독금융회사 기준으로 향후 5년간 단계적으로 5%까지 강화 2) 산업자본의 은행지분 보유한도를 축소 3) 대주주적격성심사를 모든 금융회사로 확대

자료: 새누리당(2012: 146~153)

부당 내부거래로 인한 부당이익은 환수'하겠다는 것이다. 문제는 이 약속에 결여된 구체성이다. '총수일가의 사익편취행위 근절'이라는 목표를 달성하기에 충분한 또는 적절한 '부당내부거래 금지 규정의 강화'가 어떤 것인지에 대한 박근혜 후보 측의 설명은 거의 없었다. 그때까지 널리 주장되었던 방안은 현행 「공정거래법」 제5장 제23조(불공정거래행위의 금지)의 7개 항 가운데 하나로 포함된 부당내부거래 금지 규정에서 '현저한'을 삭제하는 동시에 이것을 제3장(기업결합의 제한 및 경제력 집중의 억제)의 한 조로 옮김으로써 그 금지 규정의 실효성을 높이는 것이었다. 박근혜 후보의 공약이 이 방안의 실행인지는 분명하지 않다.[31]

2) 박근혜 정부 국정과제

2013년 5월 말에 확정 발표된 『박근혜 정부 국정과제』에서 '국정기조 1: 경제부흥'을 위한 3개 추진전략 중 둘째로 '경제민주화'가 제시되었고, 거기에 여섯 과제가 포함되었다. 이 여섯 과제는 같은 해 2월에 대통령직인수위원회가 『박근혜 정부 국정과제』에서 제안한 것과 그 내용이 다르지 않다. 단지 그것들이 2월에는 '국정목표 1: 일자리 중심의 창조경제'를 달성하기 위한 6개 추진전략 중 여섯째로 제시된 '원칙이 바로 선 시장경제 질서 확립'을 위한 과제들이었다는 점이 다를 뿐이다. 그런데 이 『국정과제』에 포함된 여섯 과제를 대통령 선거 공약집에 나열되었던 경제민주화 공약과 비교해보

---

31) 2013년 7월에 「공정거래법」이 개정되면서 이에 관한 논의가 일단락되었다. 제3장이 아닌 제5장 제23조의 2(특수관계인에 대한 부당한 이익제공 등 금지)를 신설하되 제5장의 제목에 '특수관계인에 대한 부당한 이익제공의 금지'를 덧붙인 것이다. 이 부분에서는 박근혜 후보의 공약이 상당히 충실히 실현되었다고 할 수 있다. 그렇지만 이 규정의 적용 대상을 정하는 대통령령의 내용에 따라 이 규정은 의미를 잃을 수 있다.

면 꽤 많은 것들이 빠졌음을 알 수 있다. 『국정과제』에 들어 있더라도 많이 바뀐 것들도 있다. 그리고 새로 들어간 것은 없다.

우선 바뀐 것을 보자. 5월에 확정된 『국정과제』 140개 중 25번째로 포함된 것이 '기업지배구조 개선'이고, 그 추진계획 중 하나가 '감사위원을 맡을 사외이사를 다른 이사와 분리 선출하는 방안 마련'이다. 이것은 박근혜 대통령 후보의 경제민주화 공약에 포함된(151쪽) '소액주주 등 비지배주주들이 독립적으로 사외이사를 선임할 수 있는 시스템 구축'의 변형이다. 둘을 비교하면, 『국정과제』의 추진계획은 경제민주화 공약에서 후퇴했음을 알 수 있다. '소액주주 등 비지배주주가 독립적으로 선임할 수 있는 시스템'이 '다른 이사와 분리 선출하는 방안'으로 구체화되었다고 할 수 있으나 그 대상이 '사외이사'에서 '감사위원을 맡을 사외이사'로 축소되었음은 누구도 부인할 수 없다. 더욱이 '분리 선출'만으로는 '독립적 선임'이 보장될 수 없다는 점을 감안하면 이 변형은 더욱 심각한 공약의 후퇴 내지는 실질적 폐기로 귀결될 수 있다.

공약집에 있었으나 『국정과제』에서는 보이지 않는 것들 중 하나가 다중대표소송제도 도입이다. 이 제도는 출자회사의 주주가 피출자회사의 이사를 상대로 소송을 제기할 수 있게 하는데, 다단계 출자가 만연한 한국의 현실에서 주주대표소송이 조금이나마 더 큰 의미를 갖게 할 수 있는 제도이다. 그런데 '기업지배구조 개선'을 위해 이 제도를 도입하겠다고 후보 시절 약속했음에도(151쪽), 2013년 2월에 제안된 『국정과제』에 이어서 5월에 확정된 『국정과제』에서도 이 제도는 언급조차 되지 않았다. 실수로 빠뜨렸다고 보기는 어렵다.

바뀐 것 하나와 사라진 것 하나로부터 내리는 결론이 성급하게 보일 수 있다. 그러나 그 둘만으로도 새 정부의 기업지배구조 개선에 대한 태도를 어느 정도는 판단할 수 있다. 기업지배구조 개선과 관련해 공약에서 바뀌지 않고 『국정과제』에 들어간 유의미한 개선 방안은 집중투표와 전자투표뿐이다. 그나마 '일정 상장사부터 우선 실시'하겠다고 하니 언제 어떻게 실시될지는 짐작하기 어렵다. 기업지배구조 개선에 대한 후보의 태도가 소극적이었다면 당선인의 태도는 부정적이라고 해야 할 지경이다.

기업지배구조 개선과 관련해서 대통령 후보의 공약에 비해 『국정과제』가 조금 더 나아갔다고 여겨질 만한 부분이 전혀 없지는 않다. 공약에는 없었으나 2월에 제안된 『국정과제』와 5월에 확정된 『국정과제』에서 발견되는 「증권관련집단소송법」의 자격요건과 허가요건 완화가 그것이다. 그렇지만 이 완화는 어디까지나 '공정거래법 집행 체계 개선'을 위한 것이며, 「공정거래법」에 도입하려는 집단소송제에만 적용될 듯하다. 기업지배구조 개선을 위한 방안은 아니라는 것이다.

경제력 집중 억제나 기업지배구조 개선으로 불리기는 어려우나 재벌 관련 경제민주화 추진전략으로 공약집에 포함되었던 것이 '대기업집단 총수일가의 불법 및 사익편취행위 근절'이다. 이를 위한 세 과제 중 하나가 '일감몰아주기 등 총수일가의 부당내부거래 금지 규정을 더욱 강화'하는 것인데, 이 부분은 『국정과제』에서 조금 더 구체화된 방안들로 제시되었다. 하나는 사익편취행위 금지 규정을 「공정거래법」 제3장(기업결합의 제한 및 경제력 집중의 억제)에 신설한다는 것인데, 이는 오래전부터 제5장 제23조에 포함된 금지 조항의 실효성을 제고하기 위한 방안으로 제시되어왔던 것이다. 이 방안에 따르면 부당지원행위의 위법성 성립요건 중 경쟁제한성이 제외될 수 있기 때문이다. 다른 하나는 부당지원행위의 위법성 성립요건 중 '현저히 유리한 조건'을 '상당히 유리한 조건'으로 고치는 것이다. 하나 더 있는데, 일감몰아주기 등의 부당지원으로 이익을 본 총수일가에게도 직접 과징금을 부과하는 것이다. 여기에 덧붙여 『국정과제』에서는 이른바 통행세 관행을 부당지원의 한 유형으로 지정해 제재하겠다고 밝혔다. 적어도 총수일가의 '사익편취행위 근절'과 관련해서는 『국정과제』가 더 구체적이고 더 적극적이라고 평가할 만하다.

재벌과 직접 연결되지는 않으나 경제민주화 추진전략으로 분류되는 '경제적 약자의 권익보호'와 '공정거래법 집행 체계 개선'도 주목할 만하다. 그 중에서도 전자와 관련해서는 중소기업협동조합이 수급사업자를 대신해서 원사업자와 납품단가 조정을 협의할 수 있는 방안이 눈에 띈다. 후자와 관련해서 눈에 띄는 것은 「하도급법」의 징벌적 손해배상제 적용범위를 확대하는 방안과 「공정거래법」에 집단소송제를 도입하는 방안이다. 비록 공약과는 달리 징벌적 손해배상제는 세 가지 부당행위(단가 인하, 발주 취소, 반품)에 제한되고 집단소송제는 담합 및 재판매 가격 유지에 제한하지만 앞으로 도입범위를 확대할 수도 있음을 밝히고 있다. 그렇지만 기업지배구조 개선을 위한 집단소송제의 전면 도입은 추진할 의사가 없음도 알 수 있다.

4. 맺음말

한국에서는 소수의 개인 또는 가족이 적은 주식 지분을 소유하고서도 많은 대기업을 절대적·배타적으로 지배하는데, 이런 재벌체제의 부정적 측면을 경제력 집중과 소유지배괴리로 나눌 수 있다. 먼저 경제력 집중은 소수의 개인 또는 가족이 많은 대기업을 절대적·배타적으로 지배하는 상황을 가리킨다. 집중된 경제력은 기업과 시장을 넘어 사회 여러 영역에서 행사되고, 국민경제의 왜곡을 넘어 민주주의에 대한 위협이 되고 있다. 그리고 소유지배괴리는 소수의 개인 또는 가족이 상대적으로 적은 주식 지분을 소유하고서도 절대적·배타적으로 기업을 지배하는 상황을 가리킨다. 이 괴리는 이른바 대리인 문제를 야기하거나 악화시킨다. 지배주주가 자신의 개인적 이익을 위해 기업의 이익을 침해할 동기와 가능성이 크고, 또 실제로 그렇게 해왔기 때문이다.

한국에서는 경제력 집중과 소유지배괴리를 근원적으로 줄이기 위한 여러 규제와 이에 따른 폐해를 막기 위한 여러 제도가 도입되고 시행되어왔다. 1970년대에는 「대통령특별지시」 등을 통한 기업 공개 및 주식 소유 분산 시책과 「여신관리협정」을 통한 은행 대출 억제가 대표적이다. 1980년대에는 「공정거래법」의 제정 및 개정을 통해 '경제력 집중 억제'를 위한 여러 규제가 시행되었는데, 출자총액 제한과 금융보험사 의결권 제한이 대표적이다. 그리고 1997년 경제위기 이후에는 '기업지배구조'가 핵심어로 부각되고, 기업경영의 투명성과 책임성을 제고하기 위한 제도 개선이 「상법」, 「증권거래법」, 「외부감사법」 등의 법규 개정을 통해 이루어졌다. 그러나 동시에 경제력 집중 억제는 정책목표에서 사실상 제외되기 시작했다. 이런 변화는 출자총액 제한, 지주회사 행위 제한, 금융보험사 의결권 제한 등의 완화 또는 폐지로 구체화되었다. 그리고 지난 총선과 대선 무렵에는 재벌의 일감몰아주기와 골목상권 침해가 부각되면서 재벌개혁이 다시 화두로 떠올랐다.

박근혜 대통령은 후보 시절에 경제민주화를 핵심 공약으로 내세우면서 재벌문제와 관련해서도 여러 가지 방안을 제시했다. 그러나 그 방안들은 대부분 재벌의 행위를 규제 내지 규율하는 것이고, 재벌의 소유지배구조에는 영향을 미치지 않는 것이었다. 특히 신규 순환출자를 금지하는 동시에 기존 순환출자를 허용하는 모순적인 방안은 경제력 집중에 대한 박근혜 후보의 태도를 잘 드러내는 예라 하겠다. 순환출자 해소가 기업에게 비용을 유발한다는 발언을 통해서는 기업과 기업주, 재벌기업과 재벌총수를 동일시하는 생각을 드러내기도 했다.

예상되긴 했으나 그래도 놀라운 변화가 대통령 선거 후에 일어났다. 2013년 2월 말에 대통령직인수위원회가 제안한 『박근혜 정부 국정과제』에서 '경제민주화'가 실종된 것이다. 그 분량이 217쪽에 달하지만 어디에서도 경제민주화라는 단어는 발견되지 않는다. 그리고 이 실종은 용어나 구성의 문제가 아니라 방향과 내용의 문제이다. 특히 140대 과제 중 재벌 관련 과제가 예닐곱 개인데, 이들이 모두 '일자리 중심의 창조경제'로 명명된 국정목표를 달성하기 위한 과제로 분류되었다. 그나마 그 내용은 후보 시절의 공약이나 후보 측 인사의 발언에 비하면 많이 후퇴한 것이며, 일부는 아예 빠져버렸다. 후퇴의 대표적 사례로는, '소액주주 등 비지배주주들이 독립적으로 사외이사를 선임할 수 있는 시스템 구축'이라는 공약이 '감사위원을 맡을 사외이사를 다른 이사와 분리선출하는 방안 마련'이라는 과제로 바뀐 것을 들 수 있을 것이다. 공약집에 명기되었던 다중투표제가 『국정과제』에서 사라진 것도 의아스럽다. 기업지배구조를 개선하겠다면서 내놓은 공약마저 흐지부지되리라는 염려를 하게 한다. 그나마 일감몰아주기 등의 부당내부거래에 대해서는 구체적인 방안을 제시했다.

2013년 5월 말에 박근혜 정부가 확정해 발표한 『국정과제』에는 '경제민주화'가 다시 등장했으나 여전히 '경제부흥'을 위한 세 '추진전략' 중 하나로 설정되었을 뿐이다. 그리고 그 내용은 인수위가 제안한 것과 거의 동일하다. 그 사이 「하도급법」 개정안이 국회를 통과했고, 이어서 「대규모유통업법」 등도 통과해 몇몇 공약은 입법으로 실현되었다. 같은 해 7월 초에는 일감몰아주기 등을 막기 위한 「공정거래법」 개정안도 국회를 통과했다. 그렇지만 새 규정의 적용 대상을 정하는 대통령령의 내용에 따라 효력이 미미할 수도 있다. 집단소송 적용 확대 및 요건 완화는 지금까지 별다른 진척을 보이지 않는다. 경제력 집중 억제를 위한 신규 순환출자 금지와 금융보험회사 의결권 제한 강화도 어찌 될지 알기 어렵다. 기업지배구조 개선을 위한 여러 공약의 이행은 더욱 의심스럽다. 감사위원 분리 선임, 다중대표소송 도입, 집중투표 의무화, 전자투표 도입 등은 법무부의 상법 개정안으로 제시되었으나 박근혜 대통령과 새누리당은 그것을 추진할 의사가 없어 보인다.

박근혜 대통령의 '경제민주화' 약속은 많은 부분이 아직 지켜지지 않고 있다. 아직 지켜지지 않고 있는 것은 재벌총수의 지배력과 밀접한 관련이 있는 부분이다. 비록 박근혜 대통령의 약속이 대단한 것은 아니지만, 그런 약속이나마 제대로 지켜지면 총수일가가 적은 지분을 소유하고서도 많은 대기업을 배타적으로 지배하기가 조금은 더 어려워질 것이다. 비정상이 조금은 줄어들 것이다. 기업과 경제의 효율성도 높아질 것이다.

참고문헌

공정거래위원회·한국개발연구원. 1991. 『공정거래 10년』.

권재열. 2009. 「상법 제382조의 3(이사의 충실의무)의 존재의의: 대법원 판례의 동향에 대한 검토를 중심으로」. ≪상사판례연구≫, 제22집 제1권, 3~35쪽.

김진방. 2007a. 「출자총액 제한 제도의 이론과 현실」. ≪경제발전연구≫, 제13권 제1호, 185~222쪽.

______. 2007b. 「30대 재벌그룹의 순환출자: 측정과 분석」. ≪경제발전연구≫, 제13권 제2호, 171~210쪽.

사공일. 1980. 「경제성장과 경제력 집중」. ≪한국개발연구≫, 제2권 제2호, pp.2~13.

새누리당. 2012. 『세상을 바꾸는 약속, 책임 있는 변화』. 제18대 대통령선거 새누리당 정책공약집.

이승희. 2009. 「집중투표 제도의 실효성 분석」. ≪ERRI 이슈&분석≫, 2009-6호.

이윤호. 2005. 『재벌의 재무구조와 자금조달』. 파주: 나남출판.

Kim, Jinbang. 2013. *Modularization of Korea's Development Experience: Chaebol Policy for Suppression of Economic Power Concentration*. Seoul: Minstray of Strategy and Finance.

제2장

박근혜 정부 노동정책의 방향과 과제

김유선 | 한국노동사회연구소 선임연구위원

1. 머리말

1974년 제1차 오일쇼크부터 2008년 글로벌 금융위기까지의 30여 년은 전 세계적으로 신자유주의가 맹위를 떨치고, '노동시장 유연화'가 글로벌 스탠더드로 행세하던 시기였다. 하지만 글로벌 금융위기를 겪은 뒤로는 사정이 달라져, 국제노동기구(ILO)와 국제연합무역개발협의회(UNCTAD) 등의 국제기구와 주요 선진국에서는 신자유주의와 노동시장 유연화에 대한 재검토가 활발하게 이루어지고 있다. ILO는 지금까지의 성장모델이 수출 내지 부채 주도형이었다면, 앞으로의 모델은 내수 내지 근로소득 주도형이어야 한다며 이윤 주도에서 임금 주도 성장모델로 전환할 것을 주창하고 있다. 다만 아직까지 뚜렷한 반전의 계기와 주체는 마련하지 못한 것으로 보인다.

한국에서 신자유주의가 확산되고 노동시장 유연화가 추진된 것은 1994년 김영삼 정부 때부터이다. 그 뒤 20년 가까이 한국 사회에서 신자유주의와 노동시장 유연화는 지배적 담론으로 자리 잡았다. 김영삼 정부부터 이명박 정부까지 정권이 바뀌는 와중에도, 노동시장 유연화는 첫 번째 노동정책 과제로 변함없이 추진되어왔다. 하지만 2012년에는 여야의 총선과 대선 공약에서 '노동시장 유연화'라는 용어 자체를 찾아볼 수 없었다. 이는 지난 20여 년 동안 추진해온 노동시장 유연화가 노동시장 양극화로 이어지면서, 우리 국민이 더 이상 감내하기 힘든 수준까지 그 폐해가 확대되었기 때문이다.

새 정부의 노동정책 방향은 작년 말 대통령 선거 때 발표한 노동공약과 2013년 2월 대통령직 인수위가 발표한 국정과제, 3월 말 고용노동부가 보고한 국정운영보고 등을 통해 가늠할 수 있다. 하지만 2013년 2~3월에 발표한 국정과제나 국정운영보고에서는 대선 공약보다 진전되거나 구체화된 흔적을 발견할 수 없다. 오히려 기왕의 대선 공약에서 후퇴했거나 있으나 마나 한 빈 공약이 된 경우가 자주 발견된다. 제2절 새 정부 노동정책 방향에서는 박근혜 대통령이 후보 시절 제시했던 노동공약을 살펴보고, 제3절 대응방향에서는 이들 공약을 어떻게 바라보고 대응할 것인지를 살펴본다.

2. 새 정부 노동정책 방향

1) 일자리 정책 : 늘·지·오(늘리기, 지키기, 질 올리기), 고용률 70%

(1) 일자리 늘리기

① 국민행복기술로 새로운 시장, 새로운 일자리 창출

② 창조형 중소기업이 꽃피는 창업국가 코리아

③ 청년 창업 활성화

④ 근로시간 단축

- 2020년까지 연평균 근로시간을 경제협력개발기구(OECD) 평균 수준으로 단축해 일자리 창출과 근로자 삶의 질 개선
- 근로시간 단축을 위해 근로기준법상 초과근로시간 한도 준수, 휴일근로 초과근로시간 산입, 근로시간 특례업종 축소, 장시간 근로를 강제하는 교대제 개편 등 정책 추진

⑤ 공공부문에서 청년층 일자리 확대

- 교육, 안전, 복지 관련 공무원 단계적 증원
- 공공부문 청년층 채용을 공공부문 평가에 반영

일자리 늘리기 공약에서 '국민행복기술로 새로운 시장, 새로운 일자리 창출', '창조형 중소기업이 꽃피는 창업국가 코리아', '청년창업 활성화' 등은 좋은 말이기는 하지만 실효성 없는 말잔치로 끝나기 쉽다. 가뜩이나 내수가 얼어붙어 기왕의 자영업자마저 몰락하는 터에 사회생활 경험도 없는 젊은 층을 창업으로 내모는 것은 이들의 삶을 더욱 위태롭게 만들 수 있다. 하지만 근로시간 단축과 공무원의 단계적 증원 공약은 긍정적이다.

(2) 일자리 지키기

① 경기변동에 대비한 고용안정 및 정리해고 요건 강화

- 정리해고 전 업무재조정, 무급휴직, 근로시간 단축 등 기업의 해고회피노력 의무 강화
- 근로시간 저축계좌제도를 도입해 일이 많을 때 초과근로시간을 저축하고, 경기불황기에 임금으로 지급받는 방식으로 경기변동에 대비한 고용안정 도모

② 대규모 정리해고 시 고용재난지역 선포

③ 정년연장 및 중장년층 교육훈련 확대

- 임금피크제와 연계해 실제 정년을 60세로 연장
  → (국정과제) '2017년부터 기업규모별로 단계적 시행'으로 후퇴
  → (국회입법) 정년 60세 이상 의무화, 2016년부터 공공기관, 지방공사, 지방공단, 300인 이상 사업장에 적용하고 2017년부터 모든 사업장에 적용
- 장년층 직업능력개발 프로그램 신설 및 예산 지원

일자리 지키기 공약 중 정리해고 요건 강화와 정년연장은 긍정적이다. 그런데 대선 공약에서는 당장이라도 정년을 연장할 것처럼 하다가, 국정과제에서는 임기 말인 '2017년부터 기업규모별로 단계적 시행'으로 후퇴했다. 하지만 4월 말에는 여야 논의를 거쳐 '정년 60세 이상 의무화, 2016년부터 공공기관, 지방공사, 지방공단, 300인 이상 사업장 적용하고 2017년부터 모든 사업장에 적용'을 골자로 하는 정년연장 법안이 국회 본회의를 통과했다.

(3) 일자리 질 올리기

① 상시·지속적 업무 정규직 고용관행 정착

- 공공부문부터 상시·지속적인 업무는 2015년까지 정규직으로 전환
- 대기업의 정규직 전환 유도(고용형태별 고용현황 공시제도 도입 등)

② 사내하도급 근로자 보호

- 「사내하도급 근로자 보호법」을 제정해 사내하도급 근로자가 원청업체 정규직 근로자와 동종·유사 업무를 할 경우 차별적 처우 금지, 사내하도급 사업주가 교체되더라도 사내하도급 근로자의 고용 보호
- 법원에서 불법파견 판결 받은 사업장 특별근로감독 실시
  → (대법원판결) 현대자동차, GM자동차 등

일자리 질 올리기 공약은 비정규직 대책과 최저임금에 초점이 맞춰져 있다. '공공부문에서 상시·지속적인 업무는 2015년까지 정규직으로 전환'은, 상시·지속적 업무를 어떻게 정의하느냐에 따라, 이명박 정부의 비정규직 대책을 단순 반복하는 것에 그칠 수도 있고, 작년 서울시가 추진한 비정규직 대책처럼 전향적인 공약이 될 수도 있다.

사내하도급법은 현대자동차 사내하청 등 불법파견을 합법화할 우려가 있다는 점에서 노동계와 시민사회단체로부터 많은 비판을 받고 있는 공약이다. 사내하도급 근로자 보호법 도입을 철회하고, 기간제·파견근로, 사내하도급 등을 대상으로 하는 차별 처우 금지법을 제정하는 것이 타당하다. 현대자동차와 GM자동차 사내하청은 이미 대법원이 불법파견으로 확정 판결한 지 오래이다. 공약대로라면 이미 특별근로감독을 실시했어야 하는데, 아직까지 공약은 이행되지 않고 있다.

③ 비정규직 근로자 사회보험 적용 확대

- 월 급여 130만 원 미만(2013년 기준) 비정규직 근로자에 대해 고용보험·국민연금 보험료를 100% 정부가 지원해 사회보험 적용 확대
  - → (국정과제) 100%가 50%로 후퇴. 결국 '현행 125만 원 미만, 3분의 1에서부터 2분의 1까지 차등지원'을 '130만 원 미만, 2분의 1 일괄지원'으로 소폭 조정한 것에 그침

④ 특수고용직 근로자 산재보험 및 고용보험 가입 확대

- → (국정과제) 실태조사 및 의견수렴 등을 거쳐 특수형태업무종사자의 산재·고용보험 적용 확대방안 마련·추진

⑤ 최저임금 인상기준 마련해 근로자 기본생활 보장

- 최저임금 인상기준: 경제성장률 + 물가상승률 + 소득분배 조정분

- 근로감독 강화, '징벌적 배상제도' 도입
  → (국정과제) 합리적인 최저임금 최저인상률 가이드라인 마련, 중장기적인 적정 최저임금 수준 목표치 설정 등

비정규직 근로자 사회보험 적용 확대와 관련해서는 '월 급여 130만 원 미만(2013년 기준) 비정규직 근로자는 고용보험·국민연금 보험료를 100% 정부가 지원'하겠다고 공약했다. 하지만 국정과제에서는 100%가 50%로 후퇴했는데, 이는 현행 '125만 원 미만, 3분의 1에서부터 2분의 1까지 차등지원'을 '130만 원 미만, 2분의 1 일괄지원'으로 소폭 조정한 것에 지나지 않는다.

공약에서는 '특수고용직 근로자 산재보험 및 고용보험 가입 확대'를 당장 추진할 것처럼 하다가, 국정과제에서는 '실태조사 및 의견수렴 등을 거쳐 특수형태업무종사자의 산재·고용보험 적용 확대방안 마련·추진'으로 수정해 있으나 마나 한 과제가 되고 말았다.

공약은 최저임금 인상기준을 '경제성장률 + 물가상승률 + 소득분배 조정분'으로 제시하고, 근로감독 강화, 징벌적 배상제도 도입을 약속했다. 하지만 국정과제에서는 '합리적인 최저임금 최저인상률 가이드라인 마련, 중장기적인 적정 최저임금 수준 목표치 설정 등' 추상적 수준으로 후퇴했다.

2) 노동(노사관계) 정책

(1) 대선 공약

① 대화와 상생의 노사관계 정착

- 일자리 만들기, 비정규직 보호, 노동기본권 강화 등 노사관계 주요 쟁점을 노사정위원회에서 사회적 대타협으로 해결

- 대통령이 정기적으로 노사 대표와 만나 노동현안에 대해 의견을 듣고 대책 논의
- 대화와 타협을 통한 상생의 노사관계가 정착될 수 있도록 정부의 공정한 조정중재자 역할 강화(노동위원회 기능 강화)

② 복수노조 및 근로시간면제제도 합리적 보완
- 노사정위원회에서 근로시간면제제도, 복수노조제도 보완방안 논의
- 노사정위원회 합의 시「노동조합 및 노동관계조정법」개정

(2) 국정과제: 대화와 상생의 노사문화 구축

① (사회적 대타협 등) 참여주체 확대, 논의의제 다양화 등 노사정위원회 개편을 통한 실질적·사회적 대화 국민기구로의 정착 지원
- 중앙 및 지방단위 노사정 대화채널을 활성화하고, 산업현장단위 노사협의회의 적극적 역할 수행
- 범국민적 참여와 역량 결집을 통해 경제사회 전반의 이슈를 포괄하는 사회적 대타협 추진

② (신뢰와 상생의 노사관계 전환) 노사문제는 '법·질서 준수', '신뢰와 타협' 가치를 존중하면서 노사 자율 해결기조를 실천
- 불합리·불법행위 근절 및 위반 시 법에 따라 엄정 조치, 사회적 책임 실천 우수노사 발굴 및 모범사례 확산
- 복수노조와 근로시간면제제도 시행상황 평가 및 필요시 노사정 간 합리적 보완방안 등 논의

③ (노동위원회 기능 강화) 현행 부당해고·부당노동행위 판정 등 기능 강화 및 특수형태업무종사자 관련 노동분쟁 해결 지원
- 판정·조정의 전문성·신뢰도 및 서비스 수준 제고

공약은 노동(노사관계) 정책목표로 '대화와 상생의 노사관계 정착'을 들고, 이를 실현하기 위한 수단으로 '노사정위원회 사회적 대타협'과 '노동위원회 기능 강화'를 들고 있다. 주요 현안인 복수노조와 근로시간면제제도에 대해 '노사정위원회에서 보완방안을 논의해 합의를 도출하면 노동조합법을 개정' 하겠다고 이야기할 뿐, 구체적 정책 방향이나 수단은 제시하지 않고 있다.

지난 20여 년 동안 역대 정부는 사회적 대타협을 강조해왔다. 하지만 정부가 사회적 대타협을 절박하게 필요로 하고, 이를 진전시키기 위한 분명한 의지와 기획을 갖지 않는 한, 의미 있는 진전은 불가능하다. 정부 차원에서의 뚜렷한 의지와 기획이 없는 상태에서 '사회적 대타협' 강조는 정부 쪽 노동정책 부재를 합리화하는 면피 수단이 되었고, 노사정위원회는 결과적으로 노사관계 개혁을 가로막는 블랙홀이 되었다.

이러한 공약의 한계는 국정과제에서도 개선되지 않고 있다. 국정과제는 '대화와 상생의 노사문화 구축'을 정책목표로 제시하고, '사회적 대타협'과 '노동위원회 기능 강화'를 강조하고 있다. 하지만 '법·질서 준수'를 추가한 것을 제외하면 공약보다 진전된 게 없다.

3. 대응방향

1) 일자리 정책

새 정부 일자리 공약은 사내하도급법을 빼면 긍정적이다. 대통령이 선거 유세 때 '약속은 반드시 지킨다'며 거듭 강조해온 만큼, 사내하도급법 이외의 일자리 공약은 철저한 이행을 촉구할 필요가 있다.

(1) 고용률 70%

새 정부는 '2017년까지 고용률 70% 달성'을 국정과제로 제시했다. 이는 목표 실현 여부에 관계없이 구체적인 수치를 목표로 제시한 점에서 긍정적이라 할 수 있다. 고용률 70%를 달성하려면 앞으로 5년 동안 취업자가 238만 명(매년 48만 명) 늘어야 한다. 노무현 정부와 이명박 정부 때 취업자가 연평균 25만 명 증가에 그쳤음을 감안할 때, 고용률 70%를 달성하려면 종합적인 계획(구체적인 정책수단과 시나리오)이 필요하다. 아직까지는 추상적 수준에서 노동시간 단축과 공무원의 단계적 증원만 이야기하고 있어, 자칫하면 파트타임 일자리만 확대되는 것 아니냐는 우려를 불러일으키고 있다.

한국의 고용률을 OECD 평균과 비교하면, 남자는 높고 여자는 낮다. 청년층(15~24세)은 한국이 16.4%p 낮고, 장년층(25~54세)은 엇비슷하며, 고령층(55~64세)은 7.7%p 높다. 한국에서 청년층 고용률이 낮은 것은 저임금·비정규직·파트타임 일자리가 부족해서가 아니라, 청년층이 꿈과 희망을 갖고 일할 만한 일자리를 정부와 기업이 제공하지 않기 때문이다. 고령자 고용률이 높은 것은 사회보장제도의 미비로 그만큼 노후생활이 보장되지 않기 때문이다(〈그림 2-1〉 참조).

남성은 한국과 OECD 평균 모두 학력이 높을수록 고용률이 높다. 한국의 남성 고용률은 OECD 평균보다 중졸 이하는 11.3%p, 고졸은 3.8%p, 대졸 이상은 1.5%p 높다.

OECD 국가는 남녀 모두 학력이 높을수록 고용률이 높다. 하지만 한국의 여성 고용률은 학력 수준에 관계없이 일정한 편이다. 한국의 여성 고용률은 OECD 평균보다 중졸 이하는 11.4%p 높고, 고졸은 9.0%p, 대졸 이상은 18.6%p 낮다. 고학력 여성의 고용률이 낮은 것은, 자녀 출산과 양육으로 노동시장을 벗어난 여성이 다시 노동시장에 진입하려 할 때 얻을 수 있는 일자

〈그림 2-1〉 성별·연령별 고용률 비교

(단위: %)

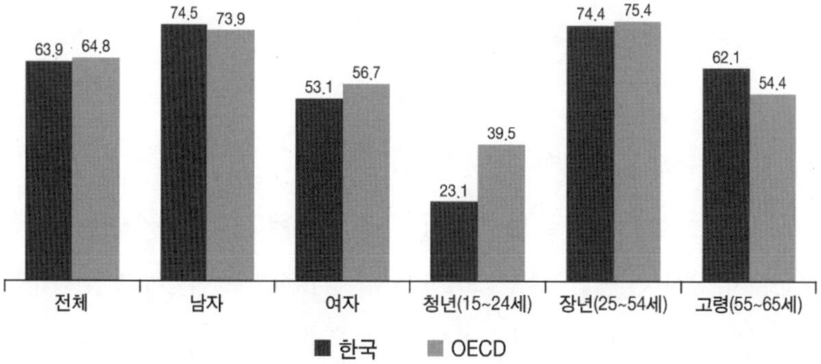

자료: OECD(2012), Employment Outlook 2012.

〈그림 2-2〉 성별·학력별 고용률 비교

(단위: %)

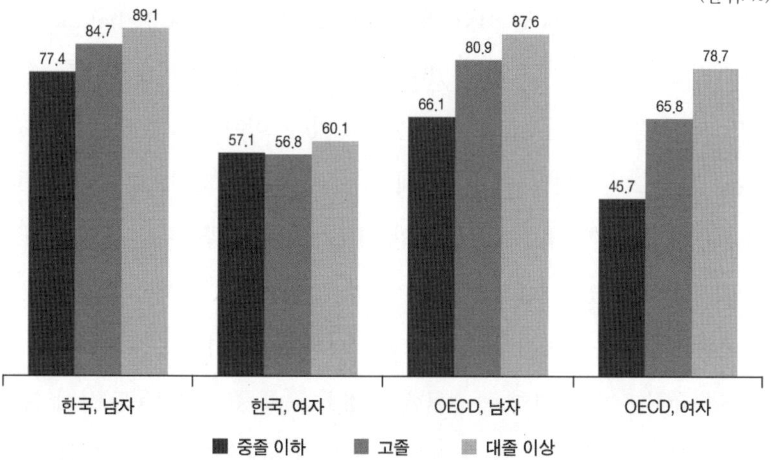

자료: OECD(2012), Employment Outlook 2012.

리가 대부분 저임금 비정규직 일자리이기 때문이다(〈그림 2-2〉 참조).

이상으로부터 우리는 다음과 같은 결론을 도출할 수 있다. "고용률을 70%로 끌어올리려면 청년과 고학력 여성 일자리를 확대해야 한다. 이를 위해서는 노동시간 단축과 공무원 증원 이외에, 청년고용할당제 등을 통해 청년층의 눈높이에 맞는 양질의 일자리를 제공해야 한다. 기혼여성이 다시 노동시장에 진입하려 할 때 주어지는 일자리의 질을 높이고, 여성의 경력단절을 최소화할 수 있어야 한다."

(2) 비정규직 비율 35%(25%)

새 정부는 '상시·지속적 업무는 정규직 고용관행 정착'을 공약했다. '공공부문에서 상시·지속적 업무는 2015년까지 정규직으로 전환하고, 민간부문 대기업은 고용형태별 고용현황 공시제도 등을 통해 정규직 전환을 유도하겠다'라는 것이다.

정부가 관계부처 합동으로 조사한 공공부문 비정규직 규모는, 2003년 23만 명(18.8%)에서 2006년 31만 명(20.1%), 2011년 34만 명(20.1%), 2012년 36만 명(20.5%)으로 계속 늘고 있다. 기간제 등 직접고용 비율은 조금 줄었지만, 파견·용역 등 간접고용 비율은 늘고 있다. 이는 기간제보호법에 따라 사용기간이 2년이 되었을 때 기간제 노동자를 무기계약직으로 전환하거나 계약을 해지해왔기 때문인데, 그동안 정부가 추진한 공공부문 대책의 예정된 실패라 할 수 있다(〈표 2-1〉 참조).

이에 비해 서울시는 사용기간이 2년을 채우지 않았더라도 상시·지속적 업무는 정규직(무기계약직)으로 전환했고, 청소·경비 등 간접고용도 상시·지속적 업무라면 정규직 전환을 추진했다. 2012년 서울시와 투자출연기관에서 일하던 기간제 노동자 가운데 정규직으로 전환된 사람은 1,367명이고, 청소·시설·경비 등 간접고용 노동자 6,231명도 단계적으로 직접고용으로 전환될 예정이다.

새 정부가 '상시·지속적 업무 정규직 전환' 공약을 이행하려면, 사용기간 2년에 구애받지 말고 상시·지속적 업무는 모두 정규직으로 전환하고, 청소·경

〈표 2-1〉 공공부문 비정규직 인원

(단위: 명, %)

		노동자	정규직	비정규직	직접고용	간접고용
수	2003년	1,249,151	1,014,836	234,315	-	-
	2006년	1,553,704	1,242,038	311,666	246,844	64,822
	2011년	1,690,856	1,350,220	340,636	240,993	99,643
	2012년	1,754,144	1,393,889	360,255	249,614	110,641
비율	2003년	100.0	81.2	18.8	-	-
	2006년	100.0	79.9	20.1	15.9	4.2
	2011년	100.0	79.9	20.1	14.3	5.9
	2012년	100.0	79.5	20.5	14.2	6.3

자료: 고용노동부 보도자료에서 재정리.

비 등 간접고용도 정규직으로 전환해나가야 한다. 지금까지 공공부문 비정규직 대책은 일시·간헐적 업무와 정규직 전환 예외 조항을 너무 넓게 허용해 왔기 때문에, 전면적으로 재정비해야 할 것이다.

그 밖에도 공공기관 정원의 합리적 조정, 인건비 총액관리제와 국·시비 매칭 사업 재검토, 경영평가와 기관장 평가에 정규직 전환 실적 반영, 무기계약 전환자에 적합한 직급체계와 임금체계 신설, 합리적 근거 없는 민간위탁사업의 공공부문 직접 시행 등도 함께 추진해야 할 것이다.

민간부문 대기업 정규직 전환 유도도 기업의 선의를 기대하기보다는, 고용형태별 고용현황 공시제도와 조달계약 입찰 등을 연계해, 비정규직을 많이 사용하는 기업에 불이익을 주어야 한다. 기간제보호법을 개정해 '상시·지속적 일자리는 정규직 전환'을 명문화하고, 시행령을 개정해 일시·간헐적 업무와 무기계약 전환 예외 조항을 축소 조정해야 할 것이다.

불법파견을 합법화하는 사내하도급법 도입은 철회하고, 대법원이 불법파견으로 확정 판결한 현대자동차와 GM자동차 사내하청은 공약대로 특별근로감독을 실시해야 할 것이다.

그 밖에도 비정규직 남용을 해소하기 위해서는 '고용률 70%'처럼 정량적 목표를 정하고, 이를 실현하기 위한 종합 대책을 마련할 필요가 있다. 2012년 8월 현재 노동계는 비정규직 비율을 48%로 추정하고, 정부는 33%로 추정한다. 따라서 '2017년 비정규직 비율 25%(정부 기준) 또는 35%(노동계 기준)'를 목표로 정할 수 있을 것이다.

(3) 연간 노동시간 1,800시간

2011년 한국의 노동시간은 연간 2,247시간(주 43.1시간)으로, OECD 회원국 평균(1,775시간)보다 470시간 길다. 공약대로 2020년까지 OECD 수준으로 단축하려면 연간 노동시간을 470시간 줄여야 한다. 그런데 이를 위해 공약에서 열거한 '근로기준법상 초과근로시간 한도 준수, 휴일근로 초과근로시간 산입, 근로시간 특례업종 축소, 장시간 근로를 강제하는 교대제 개편 등'만으로는 ― 물론 필요한 정책수단이기는 하지만 ― 공약 실현이 불가능하다.

예컨대 공약에서 열거한 정책수단을 동원해 주 52시간을 초과하는 탈법

〈표 2-2〉 초과근로 제한이 고용창출에 미치는 영향(2011년)

	탈법적 초과근로			초과근로 일소 시 변화	
	수(천 명)	비율(%)	초과근로 시간합계 (천 시간)	추가고용 (천 명)	노동시간 (시간)
주 52시간 초과 근로자	3,799	21.8	36,014	693	주 41.5(연 2,164)
주 48시간 초과 근로자	5,395	31.0	54,946	1,145	주 40.4(연 2,107)

자료: 통계청 경제활동인구조사 원자료(2011)에서 계산.

적인 초과근로를 모두 없앤다 하더라도, 연간 노동시간은 2,247시간(주 43.1시간)에서 2,164시간(주 41.5시간)으로 83시간 줄어들 뿐이다. 연간 노동시간을 1,800시간 이하로 단축하려면 주 5일제를 전면 실시하고, 근로기준법상 초과근로시간 한도를 주 12시간에서 주 8시간으로 단축하며, 휴일·휴가를 확대하는 등 종합적인 대책이 필요하다.

(4) 최저임금 수준 현실화와 근로감독 강화

최저임금 수준 현실화와 근로감독 강화는 비정규직 저임금 노동자들의 임금과 생활조건을 개선할 수 있는 가장 확실한 방법이다. 새 정부는 대선공약에서 최저임금 인상기준을 '경제성장률 + 물가상승률 + 소득분배 조정치'로 하고, 근로감독 강화와 징벌적 배상제도 도입을 약속했다. 국정과제는 '합리적인 최저임금 최저인상률 가이드라인 마련, 중장기적인 적정 최저임금 수준 목표치 설정 등'을 제시하고 있다.

따라서 중장기적인 적정 최저임금 수준 목표치는 노동계와 시민사회단체가 요구하는 '평균임금의 50%'로 하되, 최저임금 최저인상률 가이드라인은 '경제성장률 + 물가상승률 + 소득분배 조정치'로 해 최저임금 수준을 현실화해야 할 것이다. 공약대로 징벌적 배상제도를 도입하고 근로감독 행정도 강화해야 한다.

'가사사용인과 수습사용 중인 자, 감시단속적 근로자는 최저임금을 100% 적용'하고, '정신 또는 신체의 장애로 근로능력이 현저히 낮은 자는 노동부장관의 인가를 얻어 감액 적용'하는 식으로 최저임금 적용 대상을 확대해야 한다. 징벌적 배상제도를 도입하고 대기업부터 일벌백계하는 식으로 근로감독을 강화해야 한다.

이를 위해서는 최저임금 전담 근로감독관을 두고 명예 근로감독관 운영,

반복적으로 최저임금을 위반한 사업주 명단 공개(3진 아웃), 최저임금 위반 신고 시 구비서류 등 간소화, 사용자가 최저임금 준수 입증 책임, 최저임금 위반 적발 즉시 과태료 부과, 최저임금 체불임금 노동부 선 지급, 후 대위권 행사 등의 방안도 검토할 필요가 있다.

(5) 경제성장에 상응하는 실질임금 인상

경제성장(생산성)에 못 미치는 실질임금 인상이 이루어지면서, 노동소득 분배율이 하락하고 임금불평등이 증가하고 있다.

ILO가 2012년에 선진국에서 노동소득 분배율이 하락한 원인을 실증분석한 결과에 따르면, 금융화가 46%로 가장 많은 영향을 미쳤고, 다음으로는 제도변화(복지국가 축소, 노조 조직률 하락) 25%, 세계화 19%, 기술혁신 10% 순이었다.

ILO는 또한 '한국에서 노동소득 분배율이 1%p 하락하면 소비가 0.42%p 감소하고, 순수출은 0.36%p 증가하며, 투자에 미치는 영향은 없다. 민간수요는 0.06%p 감소하고, 총수요는 0.12%p 감소한다. 전 세계 노동소득 분배율이 1%p 하락하면 한국의 총수요는 0.86%p 감소한다'라는 추정 결과를 제시하고 있다. 대안으로는 생산성에 상응하는 실질임금 인상, 교섭력 균형 회복, 최저임금 인상, 금융규제, 세제와 사회보장 개혁을 들고 있다.

한국에서 노동소득 분배율은 1996년 62.6%를 정점으로 2011년에는 59.0%로 3.6%p 하락했다. 같은 기간 취업자 중 노동자 비중은 63.3%에서 71.8%로 8.5%p 증가했다(〈그림 2-3〉 참조). 노동자 비중 증가를 고려한 조정 노동소득 분배율은 1996년 98.9%를 정점으로 2011년에는 82.2%로 16.7%p 하락했다(〈그림 2-4〉 참조).

이러한 노동소득 분배율 하락은 외환위기 이후 지금까지 성장에 못 미치

〈그림 2-3〉 노동소득 분배율과 노동자 비중 추이(1980~2011년)

(단위: %)

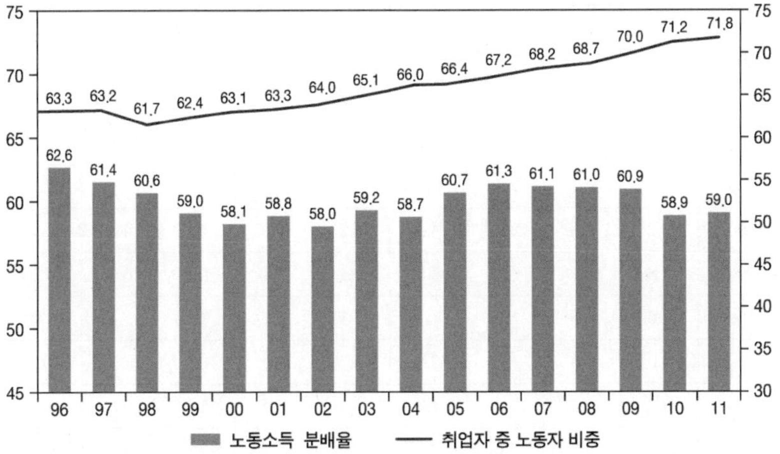

자료: 한국은행, 통계청.

〈그림 2-4〉 조정 노동소득 분배율 추이(1980~2011년)

(단위: %)

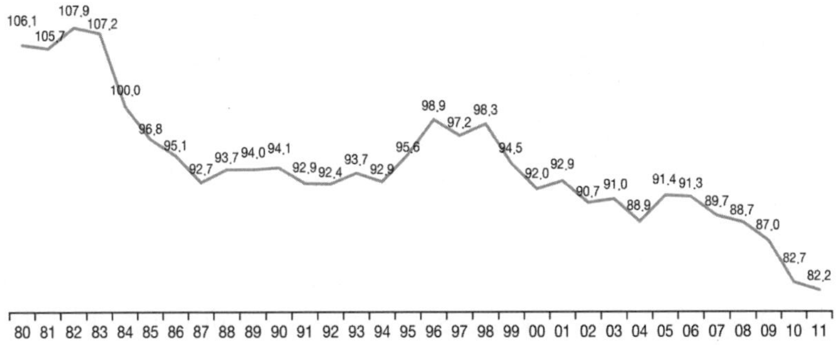

는 임금 인상이 이루어졌기 때문이다. 참여정부 시절 연평균 경제성장률은 4.3%였고 이명박 정부 때는 2.9%였다. 노동부가 조사한 5인 이상 사업체 상용직의 실질임금(월임금총액 기준) 인상률은 각각 3.6%와 0.2%였다. 한국은행 국민소득 통계에서 1인당 피용자 보수총액 인상률은 2.0%와 −0.3%이고, 통계청 경제활동인구조사 부가조사에서 1인당 월평균임금 인상률은

〈표 2-3〉 경제성장률과 실질임금 인상률 추이

(단위: %)

연도	경제성장률 (실질GDP)	소비자물가 상승률	경제성장률 +물가상승률	한국은행	노동부 5인 이상 상용직		통계청, 경제활동인구조사 부가조사 월임금(각 연도 8월)		
				피용자보수	임금 총액	정액 급여	노동자	정규직	비정규직
2000	8.8	2.3	11.1	-	-	-	-	-	-
2001	4.0	4.1	8.1	3.2	0.9	2.2	4.5	3.6	1.5
2002	7.2	2.8	10.0	3.0	8.2	9.0	4.1	4.6	4.9
2003	2.8	3.5	6.3	3.8	5.5	5.1	6.3	6.9	3.3
2004	4.6	3.6	8.2	1.1	2.3	3.1	1.5	1.1	3.0
2005	4.0	2.8	6.8	2.4	3.7	4.5	0.5	1.5	-0.5
2006	5.2	2.2	7.4	1.2	3.4	4.4	1.6	0.6	1.3
2007	5.1	2.5	7.6	1.5	2.9	3.7	2.8	3.2	0.8
2008	2.3	4.7	7.0	-0.5	-0.2	-1.3	1.0	-0.2	-0.7
2009	0.3	2.8	3.1	-0.4	-0.6	1.2	-2.4	-0.7	-6.0
2010	6.3	3.0	9.3	0.3	3.4	1.4	2.2	1.3	0.7
2011	3.6	4.0	7.6	-0.5	-4.7	0.8	0.3	-1.6	2.0
2012	2.0	2.2	4.2	-	3.0	3.2	1.3	-0.5	1.7
참여정부	4.3	2.9	7.3	2.0	3.6	4.1	2.6	2.6	1.6
이명박정부	2.9	3.3	6.2	-0.3	0.2	1.1	0.5	-0.3	-0.4

자료: 통계청 KOSIS, 경제활동인구조사 부가조사 원자료.

2.6%와 0.5%이다. 한국은행 국민소득 통계에 따르면 참여정부 때는 매년 2.3%p, 이명박 정부 때는 3.2%p만큼 성장에 못 미치는 임금 인상이 이루어진 것이다(〈표 2-3〉 참조).

성장에 미치지 못하는 임금 인상은 불평등의 심화와 내수기반 잠식으로 이어지고 있다. 비정규직 남용과 차별을 해소하는 것과 더불어, 매년 임금 인상률을 '경제성장률 + 물가상승률 + 소득분배 조정치'를 기준으로 책정해야 할 것이다.

2) 노동인권 보호

역대 정부는 중소영세업체 비정규직 등 취약계층에 가해지는 각종 탈법은 눈감으면서, 노동조합과 노동자들의 단체행동에 대해서는 '법과 원칙'을 강조해왔다. 새 정부도 '법과 원칙'을 강조하지만, 자칫 역대 정부의 전철을 밟을 소지가 크다. 새 정부는 근로기준법 등 노동관계법을 엄격하게 적용해 취약계층을 보호함과 동시에, 노동인권을 신장하는 방향에서 '법과 원칙'을 적용해나가야 할 것이다.

요즘 노동현장은 각종 탈법과 불법으로 얼룩져 있다. 대법원의 사내하청 불법파견 판결에도 현대자동차 회사 쪽은 버티기로 일관하고 있으며, 법정 최저임금조차 못 받는 노동자의 수는 170만 명(전체 노동자의 9.6%), 주 52시간을 초과하는 탈법적인 장시간근로자의 수는 380만 명(21.8%)에 이른다. 법으로 금지된 유해위험작업을 사내하청에 떠넘겨 억울한 죽음이 잇따르고, 부당노동행위와 용역폭력, 비정규직 남용과 차별, 임금체불, 사업장 내 폭력·폭행·성희롱, 정리해고 남용과 부당해고 등 무법천지가 벌어지고 있다.

이는 그동안 비즈니스 프렌들리(Business Friendly)라며 정부가 '법과 원칙'을 방기해온 결과이다. 새 정부는 근로감독 행정을 강화함과 동시에, 기업의 위법 행위에 대해서는 대기업부터 일벌백계로 다스려야 할 것이다.

3) 노동(노사관계) 정책

세계은행(2002)과 OECD(2004), ILO(2004)가 실증분석한 결과에 따르면 노조 조직률이 높거나 단체협약 적용률이 높을수록, 또한 임금교섭이 집중되거나 상하 조직 간에 조정이 원활할수록 임금불평등이 낮다.

〈그림 2-5〉 OECD 국가의 노조 조직률과 협약적용률 비교

(단위: %)

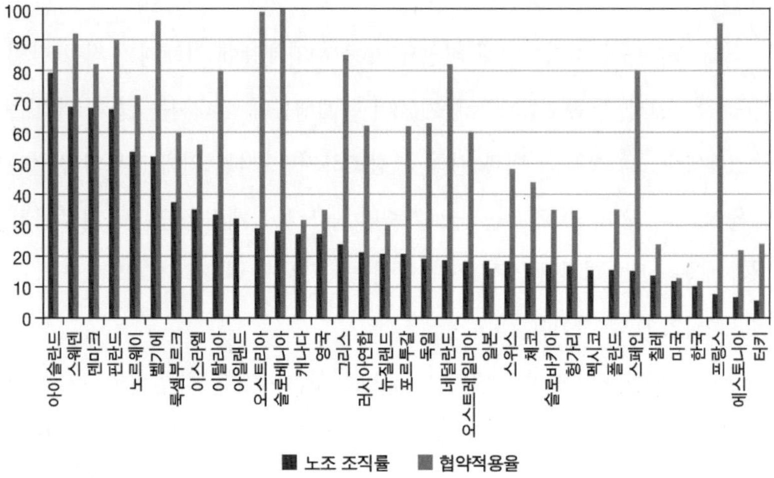

한국은 노조 조직률이 11%로 OECD 국가 중 네 번째로 낮다. 한국보다 노조 조직률이 낮은 나라는 프랑스와 에스토니아, 터키 세 나라뿐이다. 프랑스는 산업별로 교섭이 이루어지고 단체협약 효력확장 제도가 있어 단체협약 적용률이 90%가 넘는다. 에스토니아와 터키도 단체협약 적용률이 20%가 넘어, OECD 국가 중 단체협약 적용률은 한국이 가장 낮다. 단체교섭은 기업별로 분권화되어 있고, '전국—산업—기업' 간의 조정은 원활하지 않다. 따라서 한국에서 임금불평등이 심한 것은 산업정책과 노동시장정책에서 비롯된 측면도 있지만, 노사관계 정책에서 비롯된 측면도 크다는 사실을 확인할 수 있다.

한국의 노사관계는 10%대의 낮은 노조 조직률과 단체협약 적용률, 대기업 정규직 중심의 기업별 노조와 교섭체계 등 '극도로 분권화된 기업별 노사관계'를 특징으로 한다. 70년에 걸친 남북분단과 30년에 걸친 군사독재정권, 저임금에 기초한 수출지향형 공업화 정책과 경제성장 제일주의, 외환위

기 이후 극단적인 형태로 추진된 노동시장 유연화 정책, 저임금과 저숙련에 기반을 둔 낮은 길(Low Road) 전략 등으로 한국은 다른 어느 나라보다도 노조에 적대적인 문화가 형성되었고, 사용자들의 적대감 또한 크다.

이처럼 분권화된 노사관계와 반(反)노조 사회문화, 사용자들의 적대감은 한국 노동시장의 특징인 '중층적으로 분단된 노동시장'과 한데 맞물려, 노동시장의 수량적 유연성과 불평등을 극단으로 치닫게 하고, 대립적·배제적 노사관계를 확대 재생산하고 있다.

헌법으로 보장된 단결권은 노동자라면 누구나 누려야 할 권리이다. 하지만 지난 60년 동안 노조 조직률이 10%대를 넘어선 적이 없다. 앞으로도 노조 조직률이 10%대를 넘어서기는 어려울 것이다. 1987~1989년처럼 노동운동이 폭발적으로 고양된 정치적·사회적 격변기에도 10%대의 벽을 넘어서지 못했고, 그때 같은 정치적·사회적 격변기가 다시 찾아오기도 쉽지 않을 것이기 때문이다. 현행 노사관계 체제에서는 앞으로도 전체 노동자의 80~90%가 노조 가입조차 배제된 '노동인권의 사각지대'에 방치될 전망이다.

노동조합에는 가입하지 못해도 단체협약은 적용받을 수 있도록 단체협약 효력확장 제도를 개선해야 한다. 현행 노동조합법 제36조(지역적 구속력) 제1항 '하나의 지역에서 종업하는 동종의 근로자 3분의 2 이상이 하나의 단체협약의 적용을 받게 된 때에는 행정관청은 당해 단체협약의 당사자의 쌍방 또는 일방의 신청에 의하거나 그 직권으로 노동위원회의 의결을 얻어 당해 지역에서 종업하는 다른 동종의 근로자와 그 사용자에 대해서도 당해 단체협약을 적용한다는 결정을 할 수 있다'는 사실상 단체협약 효력확장을 불가능하게 만든다. '노사 쌍방이 초기업 수준에서 체결한 단체협약에 대해 노동부장관은 노동위원회의 의결을 얻어 해당 부문에 확대 적용할 수 있다'로 개정해야 할 것이다.

물론 이처럼 단체협약 효력확장 제도를 개정한다 해도 기업별로 단체협약을 체결한다면 그 실효성이 떨어질 수밖에 없다. 중앙에서는 유명무실한 노사정협의체를 재정비하고 의제별로 노사정 교섭·협의를 활성화함과 동시에, 산업·지역 등 초기업 수준에서는 단체교섭과 노사(정)협의를 진전시켜 나가야 한다. 기업별 교섭을 강제하는 교섭창구 단일화 강제조항은 삭제하거나, 초기업 노조를 교섭창구 단일화 대상에서 제외하는 방향에서 노동조합법을 개정하고, 공공부문 산업별 교섭은 정부가 모범을 보여야 할 것이다. 기업 수준에서는 노사협의회를 종업원대표기구로 재편하고 노사협의와 공동결정을 촉진하는 방안을 모색할 필요가 있다. 이것을 통해 '중앙—산업·지역—기업'을 잇는 중층적 노사관계가 구축된다면, 한국 노사관계 시스템의 역기능은 줄고 순기능은 강화될 수 있을 것이다.

참고문헌

김유선. 2007. 『한국의 노동 2007』. 서울: 한국노동사회연구소.

______. 2012a. 「비정규직 규모와 실태: 경제활동인구조사 부가조사(2012.8) 결과」. ≪노동사회≫, 제167호(2012년 11/12월).

______. 2012b. 「한국의 노동, 진단과 과제」. 한국경제발전학회 2012년 추계 학술대회 발표문.

______. 2013. 「GH 정부 일자리 정책」. 민주통합당 환경노동위원회 국회의원 공동개최 토론회 '신임 고용노동부 장관의 역할과 과제는 무엇인가?' 발표문.

새누리당. 2012. 『세상을 바꾸는 약속, 책임 있는 변화』. 제18대 대통령선거 새누리당 정책공약집.

제18대대통령직인수위원회. 2013. 『박근혜 정부 국정과제』.

Aidt and Tzannatos. 2002. *Unions and Collective Bargaining: Economic Effects in a Global Environment*. Washington, D.C.: the World Bank.

ILO. 2004. *World Employment Report 2004-05*.

___. 2012. *Global Wage Report 2012/13: Wages and equitable growth*.

OECD. 2004. *OECD Employment Outlook 2004*.

_____. 2012. *OECD Employment Outlook 2012*.

제3장

박근혜 정부 복지정책의 방향과 과제

조흥식 | 서울대학교 사회복지학과 교수, 한국사회복지학회 회장

1. 머리말

2012년 12월 19일 밤, 대통령 당선이 확정된 후 광화문에서 박근혜 당선인은 국민들에게 약속을 지키는 대통령, 민생을 챙기는 대통령, 국민 대통합을 이루는 대통령이 되겠다는 의지를 분명히 밝혔다. 민생을 챙기겠다는 말 속에는, 물론 사회복지에 방점이 찍혀 있었다.

2013년 2월 박근혜 정부가 새로 들어선 이후 수개월이 지났으나, 새 정부가 제시한 복지정책의 내용은 선거공약과 비교했을 때 여전히 부족한 점을 보이고 있다. 선거 기간 중 무상급식으로 촉발된 복지 논쟁이 정책으로 승화되지 못한 채 표만 의식한 단순 논쟁으로 그친 데 원인이 있기도 하지만, 복지 재원의 합리적 조달방법에 대한 강력한 의지가 정책 결정과정에서 결여된 데 기인한 바가 더 클 것이다. 국가책임을 방기하는 '손 안 대고 코 푸는' 시혜적 방식의 복지가 여전히 여권에서 똬리를 틀고 있기 때문이다. 선거 기간 중 과도하게 내건 복지공약은 국민들과의 합의를 통해 신뢰와 지지

를 이끌어낼 수 있는 방향으로 실현시켜 나가야 한다.

박근혜 새 정부가 들어선 현시점에도 국민들의 삶은 여전히 팍팍하다. 빈곤, 실업문제 등의 구 사회위험(old social risks)으로 골머리를 앓던 한국 사회는, 21세기에 들어서면서 신 빈곤문제와 저출산·고령화에 따른 신 사회위험(new social risks)에까지 노출된 매우 어려운 여건에 놓여 있다. 이러한 신·구 사회위험의 요소들을 방기한 채 그저 감세를 통한 친기업 성향의 정책으로 경제성장을 이루어내는 것이 불가능함은 이미 이명박 정부 때 체험했다. 박근혜 정부가 진정한 국민 대통합과 국가발전, 그리고 선거공약으로 내걸었던 국민 70% 중산층을 실현하기 위해서는, 그리고 선거공약으로 내세웠던 인생주기별 맞춤형 복지를 효과적으로 시행하기 위해서는 새 정부가 출범한 현시점에서 국가의 사회복지정책의 방향을 제대로 잡는 것이 너무도 긴요하며 당연한 일이다.

이 글의 목적은 박근혜 새 정부의 복지정책의 성격을 평가하고 정책 과제를 제시하는 것이다. 우선 전반적인 한국 복지체제의 성격을 살펴본 후 박근혜 새 정부의 복지정책의 특성을 고찰할 것이다. 이를 위해 일단 이데올로기의 관점에서 박근혜 복지(국가)모형의 특성을 살펴보고자 한다. 아울러 복지정책 분석틀을 활용해 박근혜 새 정부의 복지정책 방향을 살펴볼 것이다. 일반적으로 많이 활용하는 복지정책의 분석틀은 ① 정책목표와 관련된 정책 프로그램의 주요 대상자 선정, ② 목표의 달성도와 관련해 주로 사용되는 정책의 급여 방식, ③ 목표의 달성도와 관련된 정책의 전달체계 구성방식, ④ 정책 프로그램 수행에 드는 재정적 문제의 해결책 등과 연관된다. 즉, 하나의 정책은 정책 할당대상(대상자의 자격), 급여의 종류(급여체계), 전달체계, 재정조달방법(재정체계)과 같은 네 가지 차원으로 나누어 분석(Gilbert & Terrell, 2002)하는 게 용이하므로 이를 토대로 박근혜 정부의 복지정책의 성격을 평가할 것이다. 마지막으로, 평가한 내용을 기반으로 해 향후 복지정책의 과제를 제시할 것이다.

2. 한국 복지체제의 성격[1)]

한국은 식민지 경험 국가 중 가장 빠른 압축경제성장과 함께 민주주의 정치를 구현했다. 그리고 사회복지의 경우에도 내실은 빈약하지만 제도적 장치를 갖추려고 노력해왔다. 법적 장치를 통한 사회복지제도의 구축은 1960년 초반 박정희 군사정권에 의해 처음 이루어졌다. 복지라는 제한된 당근과 강한 채찍으로 경제성장에 몰입한 것이다. 이후 1980년대 전두환 신군부 정권하에서도 '복지사회의 구현'이란 국정기조를 내세워 복지제도를 제법 그럴싸하게 만들었다. 하지만 이는 독재정권의 치명적인 약점인 정권의 정당성을 보완하기 위한 수단에 지나지 않았다. 즉, 당시의 복지정책은 가난하고 불우한 계층에게 군사정권이 베풀어주는 자선과 시혜 성격이 강했고, 경제성장의 시녀로서 복지제도를 활용한 것이다.

군사정권이 무너지기 시작한 '1987년 체제' 이후 민주화의 급진전에 따라 국민의 복지 욕구는 다방면에서 분출되기 시작했다. 노태우 마지막 군사정권 5년과 김영삼 문민정부 5년 동안 전 국민 의료보험 실시, 국민연금제도의 시행, 영유아보육법 제정, 장애인·노인 등을 위한 사회복지서비스 급여의 확대 등 제법 가시적인 성과가 있었다. 그러나 여전히 복지정책은 경제정책

---

1) 제2절은 조홍식, 「한국 복지체제의 변천과 복지국가의 요건: 바람직하고 지속가능한 시민복지국가를 지향하며」, 조홍식 엮음, 『대한민국, 복지국가의 길을 묻다』(서울: 이매진, 2012)에 있는 글을 바탕으로 재정리한 것임.

에 밀려 국가정책의 주변부에 위치했다.

그러던 중 1997년 12월 외환위기가 시작되면서 앞으로도 성장이 이어질 것이라는 국민들의 기대가 무너졌고, 이 시점부터 사회복지에 대한 한국 사회의 관심이 극대화되기 시작했다. 다수의 실직자와 취약계층의 생존과 생계를 보장하는 사회안전망 장치를 구축하라는 국제통화기금(IMF)의 강한 권고는 제쳐놓고라도, 김대중 정부에게 국민기초생활보장제도의 시행, 4대 사회보험의 정비, 사회복지서비스의 강화 등 제도의 확장은 필연적이었고 복지예산의 증대는 당연한 귀결이었다. 이러한 복지정책은 노무현 정부에서도 계승되었다. '경제와 복지의 선순환과 동반성장'이라는 정책 기조에 따라 사회양극화와 저출산·고령화에 대비한 복지정책을 마련한 노무현 정부는, 재정 확보를 위해 세제와 재정 구조의 개혁 등을 전개했다. 이후 이명박 정부가 들어서면서 감세정책과 4대강 사업 등 토건사업 확대로 복지는 다시 약화되었지만 국가부담 사회보험료의 인상, 공무원 임금 인상 등 여러 요인들 때문에 복지예산 자체는 그다지 줄어들지 않았다. 물론 복지국가로 불리기 위해서는 취약계층의 생계보조를 넘어 일반 국민의 노동력 재생산 과정에 개입하는 일정 수준의 보편적 복지제도 정착이 전제되어야 한다는 점에서 한국 복지국가는 이제 겨우 문턱 가까이에 도달한 수준에 지나지 않는다.

박근혜 정부의 복지정책의 과제를 찾기 위해서는 우선 한국 복지체제의 성격을 살펴보아야 한다. 간략하나마 한국 복지체제가 갖는 성격을 다음과 같이 정리해볼 수 있다.

첫째, 우세한 성장담론에 대비되는 복지담론의 열세를 들 수 있다. 박정희 정부의 국가 주도형 경제성장 전략은 신자유주의와 맞물려 아직도 강한 성장담론으로 지속되고 있다. 더구나 남북 대치 상황에서 안보 이념은 더욱 복지정책을 국가정책의 주변부에 머물게 했고, 국가의 재정을 지속적으로 경제정책에 집중시키게끔 만들어왔다. 문민정부 이후 한국의 경제사회체제가 신자유주의 시스템으로 바뀌면서부터는 '경로의존'적 관행에 덧붙여서 '작은 정부'와 감세를 중시하는 논리와 담론이 등장하면서 복지담론은 더욱 열세에 몰렸다. 그나마 1997년 외환위기가 닥치면서 복지담론에도 어느 정도 탄력이 붙었지만, 10년 뒤 경제위기 속에서 탄생한 이명박 정부는 토건을 토대로 한 성장담론을 더욱 강화시킴으로써 복지담론은 한층 더 깊은 수렁에 빠지게 되었다. 불행 중 다행은, 2009년 무상급식 논쟁에 불이 붙으면서 자연스레 복지담론에 대한 관심도 커지기 시작했다는 사실이다.

둘째, 복지의 성장과 동시에 축소가 진행되고 있다. 국민건강보험은 12년 만에(1977~1989년), 국민연금은 11년 만에(1988~1999년)에 보편적 복지제도를 갖추었다. 서구에서 70~100년은 걸렸던 일을 10여 년 만에 압축적으로 이루어낸 것이다. 그 때문에 복지라는 열매는 숙성이 되기도 전에 벌써부터 축소가 진행되고 있다. 국민연금의 경우 2012년 기준 400조 원이라는, 세계에서도 찾아보기 어려운 규모의 연기금을 보유하면서도, 소득대체율이 제도 도입 시기에는 70%에서 2012년 60%, 향후 2028년에는 40%까지 축소될 계획이다. 그리고 국민건강보험의 경우 영리 의료법인 논의가 계속 진행 중인 상태이다.

또한 기존의 저소득층을 위한 급여체계를 근본적으로 개편한다고 하면서 '일을 통한 빈곤탈출 지원'이라는 명분하에 국민기초생활보장 수급자를 근로능력 유무 기준으로 구분해, 근로능력자에게는 생계급여 대신 자활급여 등만 지원하는 별도의 급여체계를 만들려 하고 있다. 이는 근로능력 유무와 상관없이 기초생계를 보장하여 최후의 소득안전망으로 기능해왔던 국민기초생활보장제도를 허물고, 최소한의 노동 불능자만을 보호했던 구시대적인 생활보호제도로 후퇴하는 것이다.

셋째, 국민의 기본적인 생존권은 완벽하지는 않지만 2000년대 들어와서부터 어느 정도 보장되고 있다. 사실 국민생활최저선(national minimum)은 근대 복지국가의 핵심 목표인데, 한국은 국민기초생활보장법, 의무교육, 의료급여 등을 통해 소득·의료·교육 등에서 최저기준은 어느 정도 충족했다고 할 수 있다. 그러나 보호받지 못하는 빈곤층과 근로빈곤층의 사각지대 문제, 그리고 교육 격차 등의 문제는 여전히 존재하고 있다.

넷째, 한국은 노령·질병·산재·실업·빈곤 등의 사회적 위험에 대한 대비책으로서 건강보험, 국민연금, 산재보험, 고용보험, 노인장기요양보험, 국민기초생활보장 등의 사회복지제도를 갖추고 있지만, 이것들은 보편적 복지의 의미에서 볼 때 많이 미흡하다. 이를 하나하나 따져보면, 국민기초생활보장제도와 기초노령연금, 4대 사회보험의 경우 그 실제 내용이 선별적 복지 위주로 이루어져 있기 때문에 질적으로 취약하다. 국민기초생활보장제도는 자격요건이 엄격해 절대빈곤층을 모두 포괄하지 못하고, 기초노령연금은 보장성이 낮아 보편적 연금의 위상을 지니지 못하며, 건강보험과 국민연금, 고용보험 등도 사각지대 문제를 안고 있다. 그리고 노동력 재생산에 중요한 영향을 미치는 주거복지는 매우 열악하며, 사회복지서비스 수준도 극히 미흡하다. 더구나 ① 한국형 근로장려세제(earned income tax credit: EITC)와 장기요양보험 도입에 따라 노인복지서비스 시장이 형성되고, ② 퇴직연금 전환과 함께 국민연금을 축소하려는 시도가 이루어지며, ③ 시장화된 민간서비스의 제공이 강화되고, ④ 개인연금 등 사적보험이 활성화되면서 비정규직, 노인, 여성, 실업자, 장애인 등에 대한 일정 정도의 사회배제와 소외의 문제가 드러나고 있다.

다섯째, 국가복지의 비중이 현저히 늘어나지 않음에 따라 자가(自家)복지의 비중이 줄어들지 않는다는 점이다. 자가복지는 말 그대로 개인과 그의 가족이 복지 부담의 주체가 됨을 의미한다. 이러한 현상은 1970년대 이래 자본주의가 심화되면서 사회위험이 증가했음에도 국가는 이에 대한 대응을 최소수준으로 억제해왔다는 것을 반영한다. 그리고 이로 인한 공백을 민간보험이 채워온 것이다. 이것은 민간보험 중 대부분을 차지하는 생명보험의 보험료 수입액이 경제위기 전에는 국세총액의 60~70%에 달했고 경제위기 후 세원확대 등으로 조세수입이 증가한 뒤에도 여전히 국세총액의 50%를 넘는 것만 봐도 알 수 있다.

여섯째, 복지영역에서 과잉된 민간공급자로 인해 공공영역이 상대적으로 위축되어 있다는 점이다. 현재 90% 이상을 차지하는 민간의료, 민간보육, 민간노인요양 등은 너무 커진 민간영역을 보여주는 것이다. 이렇게 되면 결국 정부의 복지정책은 민간영역에 끌려갈 수밖에 없다. 균형을 잡기 위해서라도 최소한 30%까지 공공영역을 넓혀야 할 것이다. 현재는 국민들에게 민간복지서비스에 대한 선택권을 준다는 명분하에 바우처(voucher, 증서) 제도가 무분별하게 도입되고 있다. 원래 이 바우처 제도는 시장친화적인 복지욕구 급여 유형이다. 복지대상자(client)가 소비자(consumer)로 바뀌게 된 것은 대상자의 '선택권'을 중시하기 위해서였지만, 정보공개조차 제대로 이루어지지 않는 현재의 불완전한 시장에서 선택의 여지는 거의 없다. 따라서 바우처 제도는 복지서비스를 충분히 제공하지 못하고 있는 실정이다.

일곱째, 국가 복지재정이 지나치게 왜소하다. 세계 각국의 복지 수준을 비교하기 위해 흔히 사용하는 잣대는 국내총생산(GDP)에서 복지 지출비용이 차지하는 비율의 정도를 보는 것이다. 2012년 경제협력개발기구(OECD) 공표를 보면, 한국의 GDP 대비 공공사회복지 지출 비중은 2009년 기준 9.4%로 멕시코(8.2%) 다음으로 낮았다. 사회복지 지출 1위는 프랑스(32.1%)였고 덴마크(30.2%)가 뒤를 이었다. 독일(27.8%), 이탈리아(27.8%), 영국

(24.1%), 일본(22.4%) 등도 모두 20%를 웃돌았다. OECD 회원국의 공공사회복지 지출 비중 평균은 22.1%로 지난 2007년 19.2%보다 약 3%p가량 더 높아졌다. 당시 OECD는 2012년까지 이 비중이 약 22%대를 유지할 것으로 전망했다.

이처럼 한국 사회복지 지출 비중은 OECD 평균의 절반에도 미치지 못하지만, 복지 지출액에 소비자 물가지수를 반영한 2007~2012년 실질사회복지 지출 증가율은 37%로 평균(약 10%)을 웃돌고 회원국 중에 가장 높은 것으로 나타났다. 2위는 오스트레일리아로 29%였고 최하위는 그리스로 -17%였다. 그러나 최근 들어 한국의 복지 지출은 그 증가 속도가 떨어지고 있는 것으로 분석되었다. OECD는 2010~2012년 한국 복지 지출 비중이 9.2%로 2009년보다 오히려 더 낮아졌다고 추정했다. 그리고 복지 지출 형태를 보면 한국, 멕시코, 아이슬란드, 오스트레일리아 등은 현금급여보다 현물급여가 더 많았다. 반면 프랑스, 독일, 오스트리아, 벨기에, 이탈리아 등 상대적으로 복지가 성숙한 나라는 현금급여가 현물급여보다 많았다. 그 밖에 한국은 핵가족을 지원하는 가족급여 지출 비중이 GDP의 0.8%에 지나지 않아 OECD 국가 중 꼴찌였다. 또한 전체 복지 지출 내 노령인구에 대한 지출 비중 역시 OECD 평균(40%)을 크게 밑도는 25% 수준으로 30개국 중 26위에 그쳤다.

사회양극화와 저출산·고령화 사회에 대응하는 데 필요한 재정조차 제대로 확충하지 못한 상황에서, 여전히 빈곤층을 대상으로 하는 사후적 사회안전망을 짜다 보니, 노동시장의 유연화 등으로 발생하는 근로빈곤과 비정규직 양산 등의 문제에 제대로 대처하지 못하고 있는 것이 한국의 현실이다.

여덟째, 사회보장제도의 재분배 기능의 빈약함을 들 수 있다. 한국 노동시장은 적정수준의 임금과 고용안정, 사회보험혜택을 누리는 1차 시장과 이 모든 것을 결여한 취약계층으로 형성된 2차 시장이라는 이중의 구조를 가지고 있다. 1차 시장에서 배제된 대표적인 집단은 영세사업장 종사자와 비정규직 노동자이다. 이러한 노동시장 이중구조는 사회보장시스템의 여과기제가 적절히 작동하지 않는 상태에서 소득분배의 악화와 빈곤 확대로 귀결되고 있다. 분배의 악화는 최근 지니계수나 빈곤율과 같은 지표의 변화로 포착되고 있다. 그리고 실제로 빈곤에 빠진 사람이 빈곤에서 탈출하기 위해 거의 전적으로 근로소득액의 증가에 기대고 있다는 사실은, 사회보장제도의 재분배 기능이 제대로 작동되지 않음을 반증하고 있다.

또한, 한국의 사회보장제도는 일자리에 연계된 사회보험에 절대적으로 의존하고 있음을 주목해야 한다. 한국은 사회보험 기여금을 내고 이 제도에 편입된 사람들끼리 소득단절을 비롯한 사회위험에 대비하는 시스템인데, 2차 노동시장에 속하고 소득단절의 위험률이 높은 사람들은 사회보험제도의 수혜 영역 밖, 즉 사회보험의 사각지대에 방치되어 있는 것이다.

아홉째, 남성생계부양자형 가족중심 복지구조를 들 수 있다. 한국의 노동운동은 압축경제성장 속에서 오랫동안 대기업 남성노동자 중심으로 이루어져왔다. 그 탓에 노동운동은 국가 수준의 사회보장체계를 마련하는 것이나 노동시장의 이중구조화를 억제하는 데 그다지 능력을 발휘하지 못한 게 사실이다. 즉, 한국의 복지체제는 중규모 이상 기업의 정규직 노동자의 생활안정을 보장하는 방식으로 구축되어왔다고 할 수 있으며, 그 수혜의 대상은 대개 남성이다. 비정규직 노동자, 영세사업장 종사자, 자영업자는 배제되었고, 여성은 정규직 남성노동자의 가족에 한해 포함되었을 뿐이다.

3. 새 정부 복지정책의 방향

1) 박근혜 복지(국가)모형의 성격

복지(국가)모형은 기본적으로 이데올로기를 반영한다. 복지를 중시하는 복지국가를 바람직한 형태의 국가로 보는 사람이나 집단이 있는가 하면, 반대의 입장을 취하는 사람이나 집단도 있다. 빅 조지(Vic George)와 폴 윌딩(Paul Wilding)은 이 같은 입장 차이를 이데올로기와 연결해 일목요연하게 정리한 학자들인데, 그들은 이것을 복지국가 반대론과 찬성론으로 대별했다. 조지와 윌딩(George & Wilding, 1994)에 의하면 복지국가 반대론자는 이데올로기적으로 볼 때 반집합주의자(the anti-collectivists) 또는 신우파(the New Right, 신자유주의자), 마르크스주의자(the Marxists)이며, 찬성론자는 이념적 중도파들로서 소극적 집합주의자(the reluctant collectivists) 또는 중도노선(the Middle Way)이라 불리는 사람들과 페이비언 사회주의자(the Fabian Socialists) 또는 민주적 사회주의(democratic socialism), 사회민주주의를 신봉하는 사람들이라는 것이다. 이들의 분류를 반대론과 찬성론으로 대별해 간략히 소개하면 다음과 같다(김상균 외, 2011).

(1) 신우파(신자유주의자)의 복지국가 반대론

신우파 내에서도 복지국가에 대한 입장은 다양하게 나타난다. 전면 거부의 입장을 견지하는 사람은 소수에 지나지 않지만, 나머지 사람들도 복지국가를 의심과 불안의 눈초리로 보는 것은 마찬가지이다. 그들이 복지국가를 반대하는 이유는 다음과 같다.

첫째, 포괄적 복지국가의 건설은 불가능하다는 점이다. 인간사회에는 자발적 질서(spontaneous order)가 있는데 인위적으로 복지국가를 만들면, 그러한 질서가 파괴되어 더 큰 재앙에 빠진다는 것이다. 둘째, 복지국가는 미래의 불확실성을 순치시킴으로써 자본주의 정신과 인간의 본성을 침해한다는 것이다. 셋째, 평등사회를 만드는 데 더 중요한 변수는 평등정책이 아니라 성장정책이기 때문에 국가복지를 최소화하면서 시장 기제를 이용하는 편이 더 나으며, 복지국가는 의무보다 권리를 강조한 나머지 수급자로 하여금 근로의욕 상실증에 빠지게 한다는 것이다. 넷째, 복지국가는 자유를 위협한다는 것이다. 신우파는 복지국가가 자유에 대해 네 가지 위협을 가한다고 비판한다. ① 정부의 확장을 통해 개인의 자유와 책임을 침식하고, ② 복지국가가 꿈꾸는 이상은 자유의 제한을 통해 이룩되며, ③ 재분배는 필연적으로 강제적 성격을 띨 뿐만 아니라, ④ 개인의 선택권을 박탈함으로써 자유의 제한이 발생한다. 다섯째, 복지국가의 독점체계로 인한 무경쟁 상태는 혁신과 효율의 동기부여를 방해한다는 비판이다. 복지국가의 관료와 전문가는 자신들의 이익에 더 신경 쓰며, 정부는 재원 확보도 없이 사회복지서비스 제공의 책임을 공언한다는 것이다. 여섯째, 복지국가의 중앙집중식 기획과 명령체계와 고율의 세금은, 사회 활력과 경제성장을 저해한다는 것이다. 일곱째, 복지국가는 의존문화(dependency culture)를 조성해 하층계급을 양산한다고 본다. 즉, 증가일로에 있는 편모가정, 동거부부, 이혼, 기혼남성 가출 등의 사회문제 발생은 사회복지 급여와 상관관계가 높다는 것이 신우파의 생각이다. 여덟째, 복지국가는 각종 이해집단의 표적이 되면서 정부로서의 힘과 권위를 잃게 되며, 정부에 대한 이러한 압력은 끊임없이 확대되어 결국 복지국가 자체가 실패할 수밖에 없다는 것이다.

(2) 마르크스주의자의 복지국가 반대론

극좌에 위치한 마르크스주의자들의 복지국가 반대논리는 신우파의 그것과 달리 복지국가가 제공하는 복지시책의 개별사항에 관해서는 별로 언급하지 않는 특징을 보인다. 마르크스주의자들은 복지가 자본가에게 주는 순기능뿐 아니라 역기능에도 주목함으로써, 복지국가가 모순적 사회구조라는 사실을 밝히는 데 주력한다.

첫째, 복지국가도 자본주의의 한 형태인 복지자본주의(welfare capitalism)이기 때문에 자본주의 사회의 양대 특징인 착취적 생산양식과 계급갈등적 생산양식이 철폐되지 않고 온존된다는 것이다. 둘째, 복지국가는 모순적 사회구조라는 것이다. 복지국가는 자본가의 이윤을 보장함과 동시에 경제성장을 지속시키는 경제적 기능을 수행하며, 아울러 노동자 계급의 재분배 요구에 대한 강압적 대응을 회피하고 사회질서에 대한 순응을 유지시키는 정치적 기능을 수행한다. 그러나 그 두 기능은 상호 모순적이다. 왜냐하면 정부지출이 재정수입보다 더 빠른 속도로 증가할 수밖에 없기 때문이다. 따라서 마르크스주의자들은, 복지국가가 자본주의 붕괴의 시기를 지연시킬 뿐이라고 강조한다. 셋째, 복지국가는 오래 지속될 수 없다는 것이다. 극좌파는 복지국가가 자본주의를 더 용이하게 수용하도록 도와주었다는 점을 일단 인정한다. 그러나 자본가들의 지속적 양보는 불가능하기 때문에 더 이상 국민의 기대에 부응하지 못할 때 위기가 발생한다는 것이다.

(3) 중도노선자의 복지국가 찬성론

이들의 복지국가에 대한 입장은 비판적 수용(critical acceptance)이다. 다시 말해 국가복지를 자본주의에 잘 접목시키면, 자본주의를 개선시킬 수 있다고 믿는 지적 실용주의(intellectual pragmatism)를 견지하면서 복지국가를 조건부로 승인한다. 복지국가에 대한 중도노선자들의 입장은 다음과 같다.

첫째, 자유시장체계의 불완전성을 보완하는 복지국가 정책은 수용한다. 둘째, 방치할 수 없는 사회병리들 중 일부는 정부의 개입을 통해서만 치유된다는 점을 인정한다. 셋째, 복지국가는 경제정책과 사회정책의 균형적 발전을 도모할 수 있지만 사회정책은 유상으로 운영되어야 하고, 경제에 악영향을 미쳐서는 안 된다는 점을 강조한다. 넷째, 결과의 평등을 거부하는 대신 기회의 평등에 대해서는 강력한 지지를 표명한다. 다섯째, 복지국가는 계급전쟁을 예방하고 사회통합을 촉진시킬 수 있다고 믿는다. 여섯째, 복지국가는 시장실패에 대한 단순보상 이상의 사회개혁을 가능하게 해준다고 본다. 그들은 이데올로기에 사로잡힌 유토피아니즘(utopianism)은 거부하지만, 매우 느린 속도의 점진적 사회개혁의 가능성은 부인하지 않는다.

특히 제3의 길 정치를 표방한 영국의 신노동당 정부가 추진한 복지정책은 보수당이 제시한 그것과 거의 차이가 없는데, 그 내용을 살펴보면 ① 세금과 지출보다는 사회투자 강조, ② 아동과 지역사회의 복지를 위한 인적자본 및 사회자본의 투자 강조, ③ 미래의 시민이자 노동자인 아동에 대한 높은 관심, ④ 노동의무에 상응해 주어지는 성인의 사회적 시민권, ⑤ 평등의 증진을 위한 소득재분배보다 사회적 포섭의 확대를 위한 기회 증진, ⑥ 사회정책과 경제정책을 통합하되 후자의 명백한 우위 강조, ⑦ 표적화된 자산조사를 수반한 프로그램의 선호 등의 특성을 보여주고 있다.

(4) 민주적 사회주의자들의 복지국가 찬성론

민주적 사회주의자들의 복지국가 찬성론은 매우 강렬한 것이 특징이다. 첫째, 복지국가는 빈곤의 고통을 완화시킨다는 것이다. 복지정책이 없었다면, 빈곤은 훨씬 더 악화되었을 것이라는 게 이들의 주장이다. 둘째, 복지국가는 경제 활성화를 통해 경제성장에 기여한다는 것이다. 셋째, 복지국가는 이타주의를 배양하고 사회통합을 촉진시킨다는 것이다. 넷째, 복지국가는 경제성장이나 사회변동에서 파생된 각종 부작용을 보상한다는 것이다. 민주적 사회주의자들은 사회안전망(social safety net)이 미흡하거나 불공평하다면, 기술변화, 나아가 지속적 경제성장에 지장을 초래할 것이라고 주장한다. 다섯째, 복지국가는 한층 평등한 사회를 창출한다는 것이다. 이들은 특히 임금의 평등화보다 사회서비스의 제공 쪽을 선호하며, 불평등한 교육제도의 시정을 통해 사회 불평등이 야기하는 부정의와 낭비를 줄이려고 한다.

마크 캐슬먼(Mark Kesselman)은 사회민주주의가 주장하는 것을 다음과 같이 정리했다(박호성, 2005: 84에서 재인용). 첫째, 자본주의 경제를 수용한다. 하지만 국가는 자본주의 경제의 불균형 발전을 저지하기 위해 적극적으로 시장에 개입해야 한다. 둘째, 경제성장, 고임금, 가격안정, 그리고 완전고용을 달성하기 위해 케인스주의적 개입 정책을 사용해야 한다. 셋째, 국가는 경제적 잉여를 누진적 조세체계를 통해 징수하고 복지계획, 사회보장을 통해 재분배해야 한다. 넷째, 노동자들은 중앙집권화된 노동조합에 가입되어 있고, 노동조합과 사회민주당은 조직적으로 연계되어야 한다.

이상의 네 가지 복지(국가)모형에 비추어 보면, 박근혜 정부의 복지정책은 아마도 신우파(신자유주의자)의 복지국가 반대론에서 중도노선자의 복지국가 찬성론으로 어느 정도 변화할 것이라 추정된다. 2013년 3월 21일 보건복지부 진영 장관이 대통령에게 '국민행복을 향한 맞춤복지'라는 제목으로 보고한 자료에는 "현재 한국은 ① 저출산·고령화 심화, ② 저성장 및 지식기반 사회의 확대, ③ 사회통합 약화라는 세 가지 도전에 직면해 있으며, 이 문제들은 성장잠재력을 약화시킬 뿐 아니라 심각한 사회갈등의 위험도 내포하고 있어 선진국 도약의 걸림돌이 될 우려가 큼"이라는 내용이 있는데, 이는 박근혜 정부가 현실을 직시하고 있음을 시사하기 때문이다.

다시 말하면, 복지정책이야말로 첫째, 사회갈등과 정치 불안을 해소시킴으로써 경제의 불확실성을 줄여 투자를 촉진시키며, 둘째, 중산층과 저소득층의 구매력을 높여 내수를 진작시키고, 셋째, 경제구조가 지식기반경제로 전환함에 따라 인적자본(human capital)이 경제성장의 엔진으로 등장한 상황에서, 소득의 평등을 통해 인적 자본에 대한 투자를 증대시키는 효과를 불러올 것이라는 점을 – 그리고 여기에 전제로 깔린, 소득의 평등이 경제성장을 촉진하는 반면, 소득의 불평등은 빈곤의 덫(poverty trap)이 되면서 경제성장을 저해하게 된다(Galor, 2000)는 점을 – 상당히 잘 인식하고 있다고 할 수 있다.

한편 전 세계적으로 볼 때, 현재 복지(국가)모형은 크게 다섯 가지가 존재하며, 이는 국가별로 역사적 배경, 정치적 조건, 경제성장의 정도, 문화적 특성 등에 따라 다른 모양으로 나타난다. 다섯 가지 복지(국가)모형은 첫째, 고부담–고복지, 국가의 복지책임 강조, 시민권적 보편주의를 특징으로 하는 북유럽 '사회민주주의 모형', 둘째, 고부담–고복지, 국가와 가족의 복지책임 공유, 직종주의적 보편주의를 특징으로 하는 독일 등의 '보수적 사회복지국가 모형', 셋째, 저부담–저복지, 시장의 복지책임, 저소득층 중심의 잔여주의를 특징으로 하는 영국, 미국과 같은 '자유주의 복지국가 모형', 넷째, 고부담–고복지(고소득층)와 복지 사각지대로 양분되며, 가족의 복지책임, 직종별 선택주의를 특징으로 하는 스페인 등의 '남부유럽 모형', 다섯째, 복지국가 초기단계에서 탈락한 아르헨티나와 같은 '남미 모형' 등이 있다.

박근혜 정부의 구상을 보면, 최상의 경우 '보수적 사회복지국가 모형' 초기 형태로 갈 가능성도 있으나, 아무래도 영국, 미국과 같은 '자유주의 복지국가 모형'으로 갈 가능성이 높아 보인다. 중산층과 상류층의 기대를 저버리지 않기 위해 증세를 하지 않고 가난한 자에게만 주로 혜택이 돌아가는 선별적 복지정책을 실현할 가능성이 높으며, 이는 결국 노동시장의 양극화, 복지 수혜의 양극화, 보편주의의 부재라는 결과를 낳아 사회갈등을 불러일으킬 가능성이 있다. 이를 타파하기 위해서 일부 '보수적 사회복지국가 모형'을 도입할 가능성도 있을 것이다.

그러나 남북 긴장관계에 편승해 안보를 중시함으로써 노동시장 구조와 복지패러다임의 근본적인 변화에 관심이 없다면 '자유주의 복지국가 모형'과 '남부유럽 모형'의 혼합으로 갈 가능성도 배제할 수 없다.

2) 복지정책 분석틀에 의한 평가

박근혜 대통령은 의원 시절에는 한국을 비용발생형 소득보장국가라고 비판하면서 현금급여 억제와 서비스 보장을 중심으로 하는 새로운 복지국가 틀을 구상해왔다. 박근혜 대통령은 일찍이 '한국형 복지국가'라는 이름하에 복지정책의 기본 원칙으로 첫째, 사회투자와 위험 예방, 인적자본 향상에 역점을 둔 성장친화적 복지국가, 둘째, 생애주기별 균형, 셋째, 현금과 서비스 급여의 균형, 넷째, 공사역할 균형, 다섯째, 다층적 사회안전망 구축(박근혜, 2010)을 강조했다. 이러한 한국형 복지국가 구상은 참여정부 시기에 나온 '사회투자국가' 전략과 상당히 비슷하다.

그러나 이는 보수주의 기반 위에서 신자유주의적 복지국가 비판을 차용해 형성된 것이기 때문에 한국적 복지국가 전략은 상당한 내부 모순과 불일치를 안고 있을 수밖에 없다. 즉, 사회투자·인적자본 향상 등의 내용을 그대로 차용하되 감세와 규제완화 기조를 유지하고 있으며, 정책 기조에 상응하는 한국형 복지국가의 구체적인 구상을 보여주지 못하는 것은 이러한 내부적 불일치와 혼란을 드러낸 것이다. 구체적 내용의 미비가 아닌 이질적인 내용의 혼합이 가져오는 혼란이 '한국형 복지국가 전략'의 진정한 한계(주은선, 2011)라 할 수 있다.

그 후 대통령 후보가 되면서부터 국민의 표를 의식해 경제민주화와 복지를 상당히 강조하게 되었다. 특히 기초노령연금 대상을 65세 이상 전체 노인으로 확대하고, 연금액을 1인당 20만 원까지 지급하는 기초연금제 도입, 4대 중증질환 보장성 강화와 지속가능한 건강보험 체계 구축안은 야당 후보가 제시한 것 이상으로 사회민주주의 복지국가모형을 따른 것이었다. 그러나 대선이 끝난 뒤, 재정난을 내세워 기초연금 적용 대상과 수령액을 축소하고, 4대 중증질환의 경우 비급여를 포함한 진료비를 100% 보장하겠다는 내용을 대폭 수정하는 등 공약 파기 논란이 벌어지고 있음은 큰 문제이다.

〈그림 3-1〉에서 보듯이, 박근혜 정부는 복지정책 비전(Vision)을 "국민 100% 행복사회"로 하고 중점목표로 ① 보다 두터운 중산층 형성, ② 안락하고 건강한 삶, ③ 모두가 함께 가는 사회통합 세 가지를 제시했다. 그리고 아동, 청장년, 노인 등 생애주기별 복지대상자에 더해 취약계층, 보건의료 분야 등 다섯 가지 복지정책 표적 집단을 구분해 맞춤형 복지를 내놓았다.

(1) 정책 할당대상(대상자의 자격)

사회복지정책의 내용을 분석하는 데 가장 논란이 되는 것 중의 하나는 급여(benefits)를 받을 수 있는 자격의 문제이다. 즉, 누구에게 급여하고, 누구에게 안 하느냐의 문제이다. 일반적으로 사회복지 재화나 서비스는 시장에서의 쌍방 교환이 아닌 국가로부터의 일방적 이전(unilateral transfer)의 형태로 제공되기 때문에 수요보다 공급이 적은 경향이 있다. 이러한 상황에서는 어떠한 방식으로라도 사회복지 재화나 서비스에 대한 수요를 제한할 필요성

〈그림 3-1〉 박근혜 정부의 복지정책 추진도

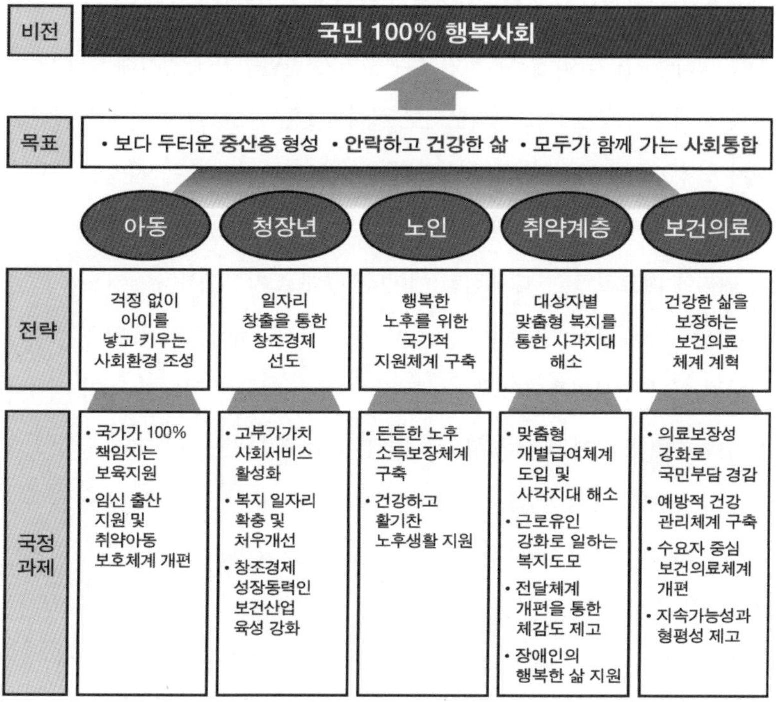

〈표 3-1〉 국민행복 로드맵

100일	2013년	2014~2017년
• 의료보장추진본부 설치(3월) • 국민행복연금위원회 운영기획단 설치 및 복지부 잠정안 마련(5월) • 주민센터 복지허브화 태스크포스 구성 • 0~5세 전 계층 양육수당 및 보육료 지원 시행 • 해외환자 유치 관련 의료법 일부 개정안 국회제출(4월) • 제약·의료기기·화장품 산업육성 종합계획수립 • 글로벌제약 육성펀드 출범(5월)	• 기초연금관련 법률안 국회제출(8월) • 건강보험 보장성 확대 계획 수립(6월) • 국민기초생활보장법 개정안 국회제출(6월) • 보호자 없는 병원 시범사업(7월) • 사회보장기본계획수립(11월) • 보건의료기술 진흥법 개정(6월 발의) • 주민센터 개편방안 마련(7월) • 노후설계지원법 제정(6월 발의) • 발달장애인법 제정	• 기초연금제도 시행(2014년 7월) • 어르신 임플란트 보험급여 시행(2014년 7월) • 욕구별 개별급여체계 시행(2014년 7월) • 4대 중증질환 급여전환(2014~2016년) 및 제도개선 • 사회서비스 및 보건분야 일자리 확충 • 주민센터 복지허브화 시범사업 실시 및 단계적 확대 • 국공립 어린이집 675개소, 공공형 어린이집 1,500개소(2017년) • 임신·출산지원 확대(2014년) • 저소득층자립지원법 제정(2014년)

이 발생하고, 이때 그것의 기준이 무엇이냐가 쟁점이 되는 것이다.

따라서 여기에서는 사회복지정책의 급여대상자를 선정하는 데 필요한 기준을 정하는 두 가지 기본원칙인 보편주의와 선별주의에 입각해 박근혜 정부의 복지정책의 성격을 살펴보기로 한다. 물론 이 두 가지 원칙은 급여대상자 선정기준에 대한 논의의 출발점이다. 보편주의는 모든 시민이 사회복지정책의 혜택을 누릴 사회권이 있다고 주장한다. 초등학교의 무상교육이 이 원칙에 따르고 있는 대표적인 예이다. 반대로 자산조사(means test)를 통해 사회적인 도움이 필요하다는 것이 입증된 사람들에게만 혜택을 주어야 한다는 입장이 선별주의이다. 현재 공공부조는 한국뿐 아니라 여러 나라에서 선별주의 원칙에 따라 시행되고 있다. 그리고 보편주의와 선별주의에 대한 해석은 보는 사람의 입장에 따라 다르기 때문에 항상 명백하게 구별되는 것은 아니지만, 소득이나 계급 차이를 기준으로 급여를 제공한다면 대개 선별주의에 속한다.

〈그림 3-1〉의 박근혜 정부의 복지정책 추진도만 놓고 보면, 비전에 나온 '국민 100%'라는 문구는 정부, 기업, 가족 등 사회 모든 주체 간 연계와 협력, 책임을 통한 국민 대통합을 지향하며, 아울러 저소득·취약계층만이 아닌, 전 국민이 누릴 수 있는 복지를 지향한다는 점에서 보편주의 복지를 지향한다고 할 수 있다. 그리고 '행복사회'와 관련해서는, 국민의 삶의 질 향상과 행복을 국정운영의 중심으로 확립했다는 점에서 과거보다 진일보했다고 할 수 있다. 또한, 소득계층별·인구집단별로 인생주기 맞춤형 복지를 강화해 국민 모두의 사회적 소속감·연대감을 제고한다는 점에서도 보편주의를 지향함을 알 수 있다. 그러나 이는 어디까지나 메시지에 지나지 않는다. 중요한 것은 실질적인 정책의 구체적인 내용과 집행이라 할 수 있다.

새 정부의 실질적인 복지정책의 구체적인 내용을 인생주기별 보육, 아동·

청소년 복지, 장년 복지, 노후소득보장, 그리고 빈곤정책과 건강보험 등 여섯 가지를 중심으로 개략적으로 평가해보면 다음과 같다.

① 보육정책

국정과제에서 제시한 보육정책은 보육료 지원 및 양육수당 확대 중심의 정책으로, 현금지원에 중점을 두고 있어 상대적으로 가장 중요하다고 할 수 있는 국공립 어린이집 확충 등 보육공급체계에 대한 개선책이 약한 편이다. 사실 막대한 재정투입만큼 보육서비스의 질이 높아지지 않는 것은 민간이 90%를 지배하는 보육서비스 공급구조에 근본적 변화가 이루어지지 않은 데 원인이 있다. 또한 '표준보육비용 계측' 방안은 그 자체만으로는 부족하고, 보육회계의 투명성을 확보하고 특별활동비 등 부모의 추가부담을 줄일 수 있는 구체적인 대책이 필요하다.

② 아동·청소년 복지

국정과제에서 제시한 아동·청소년 복지 개선방안은 공약에 비해 구체적인 내용이 추가되었으나, 아동학대와 성범죄의 예방 및 입양아동의 권익보호에 그쳐 아동·청소년의 전반적인 시민적 권리 신장과는 아직 거리가 있다. 방과 후 돌봄서비스도 시간 확대만을 내세웠을 뿐 서비스의 질 보장을 위한 내용이 구체적으로 나와 있지 않아 내실 있고 안정적인 운영을 담보하지 못하고 있다. 사교육비를 경감하기 위한 방안들도 표면적 문제만을 해결하는 수준으로 제시되어 있어 근본적인 문제해결에 접근하지 못하고 있다.

따라서 아동·청소년 복지와 관련된 국정과제는 단순히 사회문제가 되고 있는 일부 교육문제를 해결하기 위한 단편적인 정책만을 제시하고 있어 보편성과 공공성을 강화하는 정책이라 보기 힘들다.

③ 장년 복지

국정과제에서 제시한 장년 복지와 관련된 내용은 복지일자리 확충 및 바우처 중심의 민간시장 기능을 강조하는 것으로 복지서비스의 공공성을 퇴색시키고 있다. 돌봄서비스 종사자의 처우개선을 포함해 복지일자리 확충 등의 여러 정책을 제시하고 있으나, 이를 위해 필요한 예산과 재원의 구체적인 조달 방안을 내놓지 않아 그 실현가능성이 낮아 보인다. 또 이미 사회서비스 영역에 난립한 바우처 제도가 지나친 경쟁 때문에 양질의 서비스를 담보하지 못하는 상황에서 각종 바우처 제도를 추가적으로 도입하는 것은 사회서비스 분야의 민간시장 기능만 강조하는 것으로, 이로 인한 피해가 고스란히 국민에게 돌아갈 우려가 크다. 게다가 엄격한 비스마르크 유형 사회보험에 기반을 둔 '무기여－무급여(no contribution, no benefits)' 원칙으로 보험료를 낼 능력이 없는 비정규직이나 실업자, 저소득층은 복지혜택 또한 받지 못한다는 단점을 해소하는 특단의 해결방안이 구체적으로 나와 있지 않다.

④ 노후소득보장

국정과제에서 제시한 노후소득보장 방안은 국민연금 가입기간과 소득을 기준으로 한 차등지급 방안으로, 65세 이상의 모든 노인에게 현재의 2배를 지급할 것을 약속했던 기존 공약에서 후퇴했다. 이는 노후소득보장의 불안이 해소되기를 기대했던 국민들의 기대를 저버리는 것으로 특히 국민연금 가입자와 젊은 세대들에게 더 불리한 역차별적인 요소를 지니고 있어, 국민연금에 대한 신뢰를 훼손한다는 문제점이 있다. 또한 국민연금과 기초연금을 통합하겠다는 방안과 관련해 아직 구체적인 내용이 나오지 않아 연금제도에 대한 국민의 불신과 의혹을 해소시키지 못하고 있다.

⑤ 빈곤정책

국정과제에서 제시한 빈곤정책은 국민의 권리로서의 복지보다는 개개인의 자립과 책임을 강조하고 있으며, 맞춤형 복지 원칙에 입각해 개별급여의 시행, 차상위 계층 범위 확대와 사회서비스 중심의 지원을 제시하는 동시에 탈수급과 근로유인의 강화에 초점을 두고 있다. 근로유인형 급여체계를 구축하면서 근로능력자가구를 국민기초생활보장제도에서 분리하는 방안은 치밀하게 제도를 설계하지 않으면 근로능력자가 있는 빈곤가구의 최저생활을 보장하지 못할 가능성이 크다. 근로유인형 급여체계라는 명목으로 일을 통한 빈곤탈출을 유도하기 위해 가족의 최저생계를 담보로 하는 것은 매우 위험한 발상으로 빈곤층의 책임을 개인에게 전가하는 정책이 될 수 있다. 상대적 빈곤 개념을 도입해 차상위 계층을 상대적 기준에서 확대하는 것은 긍정적이다. 하지만 지나치게 낮은 최저생계비의 수준과, 그나마도 받지 못하는 비수급 빈곤층이 보호에서 제외되어 있는 현실을 감안할 때, 부분적인 급여를 지급하는 방안은 실익 차원에서 적절한 조치로 보기 힘들다.

⑥ 건강보험

국정과제에서 제시한 본인부담상한제 개선과 4대 중증질환 건강보험 적용 등 건강보험 보장성 강화 방안은 공약에서 크게 후퇴한 것으로 실효성도 매우 낮다. 과도한 의료비 지출로 인한 가계의 파탄을 예방하기 위한 본인부담상한제가 실효를 거두기 위해서는 건강보험으로 보장되지 않는 비급여 항목을 건강보험의 보장범위에 포함시키는 과정이 선행되어야 한다. 또한 4대 중증질환의 경우 비급여를 포함한 진료비를 100% 보장하겠다는 공약을 부정하고 의료비 부담의 가장 큰 원인으로 꼽히는 3대 비급여(간병료, 상급병실료, 선택진료비)에 대해서는 건강보험 적용에서 제외하고 있는데, 이는 건강보험제도의 보장성 확대가 절실한 상황에서 볼 때 매우 실망스럽다.

(2) 급여의 종류(급여체계)

오늘날 사회복지정책을 통해 제공되는 재화나 서비스의 형태들은 다양하다. 이들은 크게 현금, 현물(물질적 재화와 서비스), 바우처, 사회적 특혜, 참여 등 다양한 형태로 나눌 수 있다. 오늘날 서구 복지국가들에서 제공되는 사회복지 재화나 서비스 가운데 가장 큰 것은 현금의 형태이다. 즉, 국민연금(노령연금·장애연금·유족연금), 건강보험의 질병수당, 산재보험의 장애수당, 고용보험의 실업급여, 공공부조, 아동수당, 주택수당 등이 모두 현금으로 급여를 한다. 그리고 현물급여는 사회복지의 역사적 발전단계에서 보면 복지국가가 발전되기 이전(20세기 이전)에는 중요했으나, 이후 국가에 의한 본격적인 소득보장정책이 발전되면서 현금급여보다 상대적으로 비중이 약해졌다. 현물급여 가운데 가장 큰 것은 의료와 교육인데, 대부분의 복지국가들에서 국민총생산(GNP)의 10% 이상을 이 두 가지에 사용한다.

바우처의 형태는 일정한 용도 내에서 수급자로 하여금 원하는 재화나 서비스를 자유롭게 선택할 수 있게 하는 방법으로서, 속성상 현물급여와 현금급여의 중간성격을 갖고 있기 때문에 각 형태의 장점을 살리면서 단점들은 줄일 수 있다. 바우처가 갖는 장점으로는 첫째, 현금급여의 장점인 소비자 선택의 자유를 비록 제한적이지만 살릴 수 있고, 현금급여의 무제한 선택의 자유에서 발생하는 비합리적 선택의 문제를 어느 정도 줄일 수 있다. 둘째, 재화나 서비스 공급자들 사이의 경쟁을 유발시켜 재화나 서비스의 질을 높일 수 있다. 셋째, 현물급여의 장점인 정책의 목표효율성도 살릴 수 있고, 현물급여보다 수급자의 효용을 증가시킬 수 있으며, 운영비용도 적게 든다.

바우처는 이렇게 이상적인 장점을 갖고 있음에도, 대부분의 복지국가에서 주요한 급여 형태로 사용되지 않는다. 서구 복지국가들에서 급여 형태는 현물 아니면 현금의 형태가 거의 대부분이고, 바우처의 형태는 극히 드물다. 바우처가 갖고 있는 단점인 정보비대칭의 문제와 시행과정에서의 오용과 남용의 문제로 현물급여보다 목표효율성이 크게 낮아질 수 있기 때문이다. 바우처의 형태는 주로 미국에서 이용되고 있다. 그러나 이미 사회서비스 영역에 난립한 바우처 제도의 지나친 경쟁으로 서비스의 질이 담보되지 않고 있는 한국 상황에서, 각종 바우처 제도를 추가적으로 도입해 사회서비스 분야의 민간시장 기능만 강조하고 있음은 분명 문제가 크다고 할 수 있다.

(3) 전달체계

효과적인 사회복지서비스 전달체계를 확립하는 데 고려해야 할 기본적인 원칙을 행정적 측면에서 살펴보면 다음과 같다(이계탁, 1994). 첫째, 기능분담 체계성(systematic function distribution)의 원칙으로서 상부로부터 하부 또는 하부에서 상부로 연결되는 기능상의 분담이 체계성과 일관성을 유지해야 한다는 것이다. 둘째, 전문성에 따른 업무분담(job distribution)의 원칙이다. 이것은 전문성의 수준에 따라 전문가의 업무와 비전문가의 업무를 구분하여 서로 분담한다는 원칙이다. 셋째, 책임성(accountability)의 원칙이다. 이것은 서비스 제공자로서의 책임을 말하는 것으로 사회에 대한 책임, 복지대상자에 대한 책임 및 전문가에 대한 책임을 의미한다. 넷째, 접근용이성(accessibility)의 원칙이다. 복지 수혜대상자의 입장에서 보면, 복지서비스에 대한 욕구를 느낄 때 여기에 용이하게 접근할 수 있는 전달체계가 확보되어 있어야 사회복지의 충족을 이룰 수 있다는 것이다. 다섯째, 통합조정(coordination)의 원칙이다. 이 원칙은 업무수행 시 관계기관 및 관계자들 간에 조정이 원활하게 이루어질 수 있도록 해야 한다는 것이다. 여섯째, 지역

사회 참여(community participation)의 원칙이다. 이것은 지역사회가 자원의 동원과 활용에 적극 참여하고, 전체의 복지의식 증대에 기여해야 한다는 원칙이다. 일곱째, 조사 및 연구의 원칙이다. 사회복지기관은 서비스의 효과성과 효율성을 평가하거나 프로그램의 개발 등을 위한 조사 및 연구기능을 수행해야 한다는 원칙이다.

새 정부는 수요자 맞춤형 복지서비스 전달체계 개편을 발표했지만 그 내용이 공급자의 효율성을 강조하거나 서비스의 중복을 막는 것에 치우쳐 있어 앞서 말한 전달체계의 공공성 확보와는 거리가 멀다.

(4) 재정조달방법(재정체계)

증세 없는 복지재원 마련은 사실상 어렵다. 그럼에도 새 정부의 증세 없는 복지재원 확보 노력은 치열하다. 2013년 3월 11일 첫 국무회의에서 박근혜 대통령은 "재원 확보를 위해선 지하경제 양성화를 통해 한국 사회에 만연한 탈세를 뿌리 뽑아야 한다"면서 "개인투자자를 절망으로 몰아넣고 막대한 부당이익을 챙기는 각종 주가조작에 대해 상법위반 사항과 자금의 출처, 투자수익금의 출구, 투자 경위 등을 철저히 밝혀서 제도화하고 투명화해야 할 것"이라고 말했다.

그러나 탈세를 막고 예산낭비를 아무리 억제하더라도 증세 없는 복지재원 마련은 불가능하다. 2010년 기준 한국의 조세부담률은 19.3%로 OECD 회원국 평균(24.6%)이나 북유럽 국가들과 프랑스, 이탈리아 평균(32.1%)보다 크게 낮다. 또 25.1%인 한국 국민부담률도 비유럽 국가(24.0%)보다는 높지만 OECD 회원국 평균(33.8%)이나 북유럽 및 프랑스, 이탈리아 평균(43.8%)에 비해서 크게 낮다. 복지선진국들은 고부담－고복지의 형태이지만, 한국은 저부담인 상황에서 고복지를 요구하고 있기 때문에 정책의 지속가능성은 상당히 낮다. 아무리 탈세를 막고 예산낭비를 억제하더라도 이것만으로는 적절한 복지재원의 마련이 힘들다. 따라서 증세를 통해 국민의 복지 수요에 맞는 합리적인 재정 안정성을 확보해야 지속가능한 복지제도를 구축할 수 있을 것이다.

4. 새 정부 사회복지정책의 과제

한국 사회는 경제구조 변화와 사회양극화, 저성장 상황에서의 빈곤, 질병 등 구 사회위험 문제와 저출산·고령화, 가족해체, 근로빈곤 등 신 사회위험 문제가 중첩되어 발생하고 있는 상황에서, 이를 해결하기 위해 적극적 복지의 확대를 비롯한 다양하면서도 어려운 과제를 풀어나가야 한다. 설상가상으로 매우 빠르게 진행되어버린 사회서비스 영역의 시장화는 복지시스템 개혁의 큰 걸림돌이 되고 있다.

박근혜 정부는 복지정책 비전을 '국민 100% 행복사회'로 하고 중점목표로 ① 한층 더 두터운 중산층 형성, ② 안락하고 건강한 삶, ③ 모두가 함께 가는 사회통합 세 가지를 제시했다. 그리고 아동, 청장년, 노인 등 생애주기별 복지대상자와 취약계층, 보건의료 분야 등 다섯 가지 복지정책 표적 집단을 구분해 맞춤형 복지를 내놓았다. 내용상으로 보면 시혜적·잔여적 복지 모델에서 벗어난 상당한 수준의 발전이라 할 수 있다.

그러나 이명박 정부의 부자감세 철회나 증세 등 복지재정에 대한 명확한 입장이 정리되어 있지 않고, 노동시장정책 등 1차 분배 문제, 일자리 질, 사회서비스 및 공공 경제 영역의 확대, 부자 증세를 비롯한 2차 분배구조의 개선 등과 같은 경제－복지 연관영역에서 개혁적 입장이 나오지 않아 진정성과 실현가능성에 대한 의문이 가시지 않는다. 아울러 복지국가에 대한 사회적 합의와 지지 세력을 충분히 구축하지 못한다면 코앞의 사회갈등을 임기응변적으로 땜질하는 인기영합적·시혜적 복지사업 위주로 정책을 추진할 가능성이 매우 높다.

한편, 현재 한국에서 제기되고 있는 복지(국가) 논쟁의 핵심 쟁점은 크게 네 가지라 할 수 있다. 첫째는 복지와 경제성장 간의 케케묵은 담론이다. 복지를 많이 하게 되면 경제성장에 악영향을 주어 궁극적으로 국가발전을 후퇴시킨다는 선성장—후복지 논리와 성장과 복지의 선순환을 강조하는 동반성장 논리, 혹은 성장친화형 복지 논리 간의 논쟁이다. 둘째는 재정문제와 관련된다. 복지에 드는 비용을 조달하기 위해서는 세금을 과다하게 거둘 수밖에 없다는 세칭 세금 폭탄론과 관련된 논쟁이다. 셋째는 보편적 복지냐, 선별적 복지냐 하는 복지 선택을 두고 벌이는 논쟁이다. 이상의 둘보다는 발전된 생산적인 논쟁이다. 넷째는 이데올로기를 기반으로 한 복지국가 모형 논쟁이다.

이러한 복지 논쟁을 고려해 새 정부가 해야 할 복지정책의 9대 과제를 제안해보고자 한다.

첫째, 복지야말로 사회적 대타협이 가능한 정책 부문이므로 여야뿐 아니라 노조, 기업, 명망 있는 시민단체를 아우르는 국민복지합의체를 구성하는 게 급선무이다. 즉, 복지동맹이 필요하다. 2012년 대선에서 복지와 경제민주화는 여야 간 합의쟁점으로 떠올랐다. 특히 여야 간 '복지 합의정치'가 부상한 것은 사회양극화가 심화되면서 이를 해결하기 위한 정책이 시급했기 때문이다. 스웨덴의 경우를 보면, 복지정책의 기틀이 되었던 '국민의 집' 개념은 1930년대 보수당이 집권할 때 정치권의 복지동맹으로 탄생한 것이다. 이 밖에도 경제위기나 대공황 때 진보·보수 진영의 협력 정치가 이루어진 사례가 적지 않다. 제2차 세계대전 당시인 1942년 영국의 보수·진보 세력이 '베버리지 보고서'를 만들어 사회보장정책의 뼈대를 세운 전례도 있다.

둘째, 기획재정부장관을 부총리로 했듯이, 전면 개정된 사회보장기본법의 취지에 맞추어 복지부총리제를 신설해 실현가능한 동시에 지속가능한 장기 국가 복지정책의 틀을 구축해야 한다. 이를 통해 하루빨리 '복지발전5개년계획'을 수립해 실천에 옮겨야 할 것이다.

셋째, 국가복지를 과도한 시장과 경쟁으로 대체하는 복지 '시장화'나 '민영화'를 피해야 하며, 적절한 시장통제가 있어야 한다. 물론 유럽의 복지국가에서도 전통적인 복지국가에서 금기시되었던 시장 친화적 복지와 경쟁원리가 일부 도입되고 있는 것은 사실이지만, 이들 복지국가에서는 이미 오래전부터 정부에 의한 공공부문이 굳건히 뿌리내리고 있었음을 분명히 알아야 한다. 공공부문이 취약하고 오히려 시장이 과잉화되어 있는 한국에서 시장에 더 의지하는 것은 오히려 사회복지의 효율적 운영을 저해할 가능성이 높다. 최소한의 공공부문이 있어야 영리를 목적으로 하는 시장의 가격 왜곡효과를 막아낼 수 있기 때문이다. 물론 시장과 경쟁 그 자체가 나쁜 것은 아니다. 적절한 수준에서 도입되고 합리적 규제가 이루어진다면, 그것들도 복지제도의 운영에 도움이 될 수 있다. 하지만 아직 한국 공공복지 수준이 미약한 상황에서 가능한 한 이를 최소화하는 게 좋을 것이다.

넷째, 사회안전망을 두텁게 구축해야 한다. 일상적인 기본생활을 충분히 보장할 수 있는 공공부조제도를 구축하는 동시에 사회보험제도의 사각지대를 과감하게 줄여나가며, 보편적인 사회복지서비스를 확대해나가야 한다. 물론 이와 함께 노동시장의 격차를 해소하는 노동정책이 있어야 한다. 해고가 빈번한 현실에서 복지로 그 모든 문제를 충당하는 것은 밑 빠진 독에 물 붓기이다. 당연히 비정규직과 중소기업 일자리 문제에 대한 대책을 동시에 추진해나가야 할 것이다.

다섯째, 예방적인 복지전략에 의한 지속가능한 복지재정 안정화를 이루어야 한다. 박근혜 당선자의 3대 핵심 복지공약은 기초연금제 도입, 4대 중증질환 보장성 강화와 지속가능한 건강보험 체계 구축, 서민 기초생활보장 확립이다. 방향은 잘 잡은 것이다. 문제는 재원조달이다. 조세개편이 필요하다. 즉, 형평성 있는 조세부담을 통해 안정적으로 복지재정을 확보해야 한다. 여기에 대해서는 이명박 정부 때 너무 많이 시행되었던 토목건설 등의 예산을 축소함으로써 복지재원을 마련할 수도 있으며, 대기업의 조세감면액 하한제 도입을 통해 재원을 마련하는 것도 가능하다. 나아가서는 소득세, 법인세 등의 증세 방안도 고려해볼 수 있다.

일반적으로 복지에 대한 국민의 부담은 주로 조세와 사회보험기여금으로 구성되는데, 이명박 정부에서 낮춘 국민부담률을 제자리로 돌리기만 해도 GDP 대비 2%인 20조 원이 확보된다. 또한 현재 저기여－저급여 형태의 사회보험기여금을 약간 올려 중기여－중급여 체제로 바꾸거나, 국민연금 기금의 일정 부분을 연금 대상자를 위한 공공복지시설이나 프로그램 활용에 사용할 수도 있다. 그러나 목적세를 신설하는 것은 신중할 필요가 있다. 세금을 내는 사람과 수혜자가 분리될 경우 오히려 조세저항이 발생하는 등 장기적으로 부정적일 수 있기 때문이다.

그리고 지금까지의 사후 치료적인 복지정책 기조를 바꾸어야 한다. 이는 실적 중심의 행정과 출세지향적인 관행에 의해 사전 예방적 정책의 추진이 어려운 데 원인이 있다. 결과적으로 복지재정의 지출에 걸맞은 정책목표 달성이 어려울 수밖에 없었던 것이다. 물론 최근에는 사전 예방적인 복지서비스의 제공이 추진되고 있으나 여전히 소극적인 수준에 그치고 있는 형편인데, 이를 과감히 고쳐야 한다.

여섯째, 복지 레짐(regime)의 변화로서, 지역중심의 복지체계가 가능하도록 지방분권화를 해나가야 한다. 이를 위해서는 효율적인 사회복지 전달체계를 하루빨리 갖추는 게 필요하다. 너무 파편적인 현행 지역사회 주민생활 지원서비스 체계를 통합적인 사회복지사무소로 이전해 복지정책의 효율성과 지역복지의 활성화를 기해야 할 것이다. 그리고 민간 복지인력을 최대한 확보한 뒤 적재적소에 배치해 서비스의 질적인 관리를 가능케 해야 한다. 민간 복지인력의 자발적 참여를 유도하기 위해서는 사회복지에 종사하는 인력들의 전문성과 사기 진작을 위한 보상체계를 구축하는 일이 시급하다.

일곱째, 지역사회 주민의 적극적 참여를 이끌어내기 위해 사회서비스와 일자리를 다양하게 제공해줄 수 있는 '사회적 시장경제' 체제의 일환으로서 '사회적 기업', '협동조합'의 활성화가 필요하다. 국내외를 불문하고 지역사회복지에 대한 관심이 높아지면서 중요하게 다루어지고 있는 것이 지역사회 주민의 적극적인 복지참여이다. 따라서 종전과 같이 중앙의 복지정책에 대한 지방비 투입만으로는 지역사회 중심의 복지사업을 추진하기 어렵다. 여기에서 한 걸음 나아가 '사회적 시장경제' 체제의 일환으로서 '사회적 기업', '협동조합'을 활성화할 필요가 있다.

여덟째, 민족 분단국가로 있는 한국의 특수성과 맞물려 전쟁의 불안을 종식시켜야 한다. 서구에서 자본주의의 발달은 민족국가를 형성시키는 동시에 복지국가를 발전시켰다. 그러나 한국은 분단 상황에서 복지요구투쟁이 제대로 이루어질 수 없었다. 따라서 자주적이고 평화적인 민족통합과 사회통합을 위해 남북한 갈등구조를 허물고, 상호체제 적응을 위한 노력의 일환으로 남한부터라도 복지국가의 이념을 수용할 수 있어야 한다. 사실 통일과 평화는 양자택일의 문제가 아니다. 한반도에서 평화는 근대(안보)국가 체제 — 북한의 선군정치 체제와 남한의 반공주의 체제 — 를 벗어나 민주주의를 발전시키고 한반도에서의 냉전을 해소하며, 진정한 복지국가로 발돋움하기 위한 현실적 과제의 하나로서 매우 중요하다. 민족통합 과정에서 일어나는 체제 부적응, 이산가족, 탈북자 문제 등은 복지국가 정책의 중요한 실천 과제가 된다. 따라서 평화복지담론이 활발히 전개되어야 한다.

아홉째, 이제 130만 명이 넘는 이주민에 대한 다문화정책의 기준이 되는 국제연합(UN)의 이주노동자권리협약에 한국도 하루빨리 비준해 지구촌 복지를 전제로 한 공생, 공존을 도모해야 한다.

5. 맺음말

한국의 사회복지정책은 과거의 많은 노력에도 여전히 미완성의 단계에 머무르고 있으며 해결해야 할 수많은 문제점을 내재하고 있는 게 사실이다. 따라서 경제, 교육, 문화, 보건, 고용, 복지 등 많은 분야에서 도래된 양극화 문제와 저출산 및 고령화 문제를 해결하는 것이야말로 성장 동력을 확보하는 길이 될 수 있을 것이다.

이러한 점을 충분히 감안해, 박근혜 정부는 앞으로 공공복지 부분의 대폭적인 확대와 사회복지 전달체계의 효과성 및 신뢰성 확보를 꾀하고, 무질서한 지역사회 민간복지 공급체계를 바로잡는 동시에 풀뿌리 지역복지공동체 형성을 공정하게 지원하는 데 힘을 써야 한다. 아울러 이명박 정부의 감세 기조를 되돌려 놓을 뿐 아니라 국민의 합의를 바탕으로 한 증세의 기틀을 구축함으로써 복지재정의 안정화에도 노력을 기울여야 할 것이다.

이를 통해 한국 복지국가의 새로운 차원을 이루어낸 성공적인 정부로서 역사에 기록되기를 바라마지 않는다.

참고문헌

김상균·최일섭·최성재·조흥식·김혜란·이봉주·구인회·강상경·안상훈. 2011. 『사회복지개론』(개정3판). 파주: 나남출판.

박근혜. 2010. 「사회보장기본법 전부개정을 위한 공청회－한국형 복지국가 건설－」.

박호성. 2005. 『사회민주주의의 역사와 전망』. 서울: 책세상.

보건복지부. 2013. 「국민행복을 위한 맞춤복지－주요 정책 추진방향－」.

이계탁. 1994. 『복지행정학강의』. 서울: 나남출판.

조흥식. 2010. 「한국 복지국가의 현실과 과제」. 김윤태 엮음. 『한국 복지국가의 전망』. 서울: 한울.

조흥식·뤼이, 젠더(Jen-Der Lue)·요헴, 스벤(Sven Jochem)·장은주·이병천. 2012. 『대한민국, 복지국가의 길을 묻다』. 서울: 이매진.

주은선. 2011. 「한국 복지국가 논쟁에 관한 소고: 복지정치의 진보성, 어떻게 확장할 것인가?」. ≪진보평론≫, 제50호 겨울호, 16~44쪽.

Galor, O. 2000. “Income Distribution and the Process of Development.” *European Economic Review*, Vol.44, pp.706~712.

Gilbert, N. and P. Terrell. 2002. *Dimensions of Social Welfare Policy*. New Jersey: Prentice-Hall.

제2부 지속성장을 위한 한국경제의 과제

제4장 지속적 성장을 위한 한국경제의 과제 | 이제민

제5장 재벌의 실태와 경제적 파급효과 | 김근수

제6장 금융안정을 위한 동아시아 통화·금융협력 방안 모색 | 신상기

제4장

지속적 성장을 위한 한국경제의 과제

이제민 | 연세대학교 경제학부 교수

1. 지속적 성장의 문제

경제성장이 지속될 수 있는가의 여부는 경제학에서 오랜 논쟁의 대상이었다. 경제성장이 경제학자들의 관심사가 되기 시작한 50여 년 전 월트 로스토(Walt W. Rostow)는 '이륙(take-off)'이라는 개념을 내세워 비행기가 한번 이륙하고 나면 지속적으로 날 수 있는 것처럼 경제도 이륙단계를 지나면 성장이 지속된다고 주장했다. 반면 사이먼 쿠즈네츠(Simon S. Kuznets)는 경제성장이 한번 시작되었다고 해서 반드시 지속되는 것은 아니며, 경제성장의 과정은 이륙 같은 현상이라기보다 '고난(struggle)의 연속'이라고 했다.

실제로 경제성장이 지속되기는 쉬운 일이 아니다. 아르헨티나 같은 개도국 사례가 한국에서 많이 회자(膾炙)되었지만, 근래에 많이 이루어지는 국가간 계량 연구에서도 개도국의 지속적 성장은 매우 어려운 것으로 나타난다. 그런 연구에서 한국은 수십 년간 성장이 지속된 예외적 사례로 거론되고는 했다. 그러나 그런 한국조차도 지속적 성장이 가능한지 의심해야 하는 상황에 이르게 되었다.

지속적 성장을 가능하게 하는 조건은 무엇인가? 크게는 한 나라의 외부 조건을 구성하는 세계적 흐름이 있을 것이다. 20세기를 되돌아본다면 세계 자본주의 경제는 그 전반기에 대공황, 두 차례의 세계대전, 두 번의 대혁명이라는 큰 위기를 경험한 반면, 후반기에는 역사상 유례없는 정치적 안정과 경제적 번영을 경험했다. 한국이 지난 60여 년간 거둔 경제성장의 성과는 무엇보다 그러한 흐름을 잘 탄 결과이며, 한국 자체의 고도성장이 그런 흐름에 기여하기도 했다.

물론 그런 외부적 조건만으로 지속적 성장이 보장되는 것은 아니다. 경제성장 과정에서 발생하는 국내적 문제에 대응하지 못하면 지속적 성장은 불가능해진다. 그런 문제는 과거의 잘못된 정책에서 올 수도 있고, 시대의 변화에 적응하지 못한 데서 올 수도 있다. 변하지 못하면 위기가 일어난다. 그러한 위기는 경제적인 것도 있고 비경제적인 것도 있지만, 모두 사회적 갈등을 수반하기 마련이다. 갈등을 제대로 치유하지 못해서 정치가 불안해지면 성장도 불가능해진다.

실제로 한국이 성장을 지속해온 것은 몇 차례 위기를 그때그때 해결해왔기 때문이다.

첫 번째 위기는 1960년대 초 '일자리의 위기'였다. 당시 '우골탑'이라는 용어가 유행한 데서 알 수 있듯이 청년층의 학력 수준이 급속하게 올라갔고, 그들이 일할 수 있는 양질의 일자리가 부족해지면서 1960년 4·19나 1961년 5·16과 같은 사회적 위기가 야기되었다. 이 위기는 1960년대 중반 고도성장이 시작됨으로써 해소되었다.

그다음은 1970년대 말 '개발국가의 위기'였다. 무리한 산업정책 추진으로 물가(특히 부동산 가격) 폭등, 기업 및 금융 부실화, 외채 누적, 노동 억압 등의 위기가 발생했고, 그것은 1979년 10·26과 1980년 5·18 같은 사회적 사건으로 이어졌다.[1] 이 위기는 1980년대 초 사회가 안정되고 자유화 정책이 시행되면서 일단 극복되었다.

그다음 위기는 1980년대 후반의 '체제 위기'였다. 5공의 권위주의 정치와 노동 억압, 광주 민주화 운동 이후의 반미의식 등이 겹쳐지면서 1980년대 중반에 심각한 체제위기가 조성되었다. 이 위기는 1987년 민주화로 해소되었다. 일각에서 우려한 것처럼 민주화 자체에 따른 갈등이 경제위기를 조성하지는 않았다. 민주화가 단기적으로 갈등을 봉합하는 '포퓰리즘' 정책으로 이어지지도 않았다.

반면 1997년 일어난 외환위기는 그 전 위기와 달랐다. 당장 1998년의 극심한 불황으로부터는 곧 회복했지만, 결국 성장 추세는 꺾이게 되었다. 외환위기 이후 15여 년이 지나는 동안 여러 가지 변수가 작용했기 때문에 성장률 하락이 전적으로 외환위기 때문이라고 할 수는 없다. 그러나 1997년 아시아 외환위기는 1930년대 대공황 이래 최대 불황이 된 2007년 이후의 세계 경제위기의 전주곡이었다. 10여 년 사이에 두 번이나 일어난 대규모 위기는, 한국경제성장의 기본 조건이었던 세계적 호황이 지속될 수 있을지에 대해 의문을 갖게 한다.

이하의 제2절에서 1997년 외환위기 이후 꺾인 성장 추세에 대해 살펴본 다음, 제3절에서는 어떻게 지속적 성장을 이룰 수 있을지에 대해 논하고, 현 정부에 필요하다고 생각되는 것들에 대해서도 간단하게 이야기할 것이다.

1) 물론 여기에서 언급하는 1960년 4·19, 1961년 5·16, 1979년 10·26, 1980년 5·18 등의 사회적 사건은, 경제 문제뿐 아니라 한국 사회가 안고 있던 다양한 사회적·정치적·역사적 문제 때문에 일어난 일이었음을 확실히 해둔다.

2. 경제성장의 위기

1997년 위기 후 한국의 경제성장률이 떨어진 것은 틀림없는 사실이다. 1998년부터 2012년까지 15년 동안 국내총생산(GDP)의 평균증가율은 4.1%로서, 위기 전 15년간인 1982년부터 1996년까지의 평균 9.1%의 절반 이하이다. 이러한 성장률 하락에 대해서는 그것이 1인당 생산이 올라가는 데 따른 자연스러운 현상이라는 견해와 그러한 추세에 더한 추가적 하락이라는 상이한 견해가 있다.

배리 아이헨그린(Barry J. Eichengreen)으로 대표되는 경제학자들은 성장률 하락이 자연스러운 현상이라고 주장한다. 그들은 세계적 성장패턴에 대한 계량 연구에 근거해, 1인당 GDP가 어느 수준에 이르면 성장이 꺾이는 것이 일반적 패턴이고, 그런 점에서 한국도 예외가 아니라고 본다. 위기 후 한국이 보이고 있는 4.1% 성장률도, 4%씩 지속적으로 성장한 선진국의 예가 없다는 것을 감안할 때 낮지 않다고 한다.

이들이 위기 후 성장률 하락이 당연하다고 보는 또 하나의 근거는 위기 전 한국이 과속 성장을 하고 있었다는 사실이다. 위기 전에는 '과다차입에 의한 과잉투자'로 잠재성장율 이상의 성장을 했지만, 위기 후 그것이 조정되는 과정에서 성장률이 자연스럽게 떨어졌다는 것이다. 투자율은 위기 전 15년간 평균 34.4%에서 위기 후 15년간 평균 29.1%로 떨어졌지만, 여전히 국제적으로 봤을 때 높은 수준이다.

하지만 이런 해석에는 문제가 있다. 우선 세계적 횡단면자료나 패널자료를 가지고 도출한 패턴에 따라 한국도 다른 국가들의 '평균적' 추세를 따라간다는 식의 논리는 문제가 있다. 위기 전 한국은 평균적 추세가 아니라 우등한 표본을 제공하거나, 경우에 따라서는 특이점(outlier)의 표본 역할을 해왔는데, 이제 한국도 세계의 평균적 추세에 따라 성장률이 떨어진다고 설명하는 것은 설득력이 약하다. 물론 언젠가는 성장률이 떨어지겠지만, 각국의 '평균적 추세'에 따라 1997년 위기 당시의 1인당 생산 수준에서 갑자기 떨어지라는 법은 없는 것이다. 한국에 앞서 동아시아의 고도성장국가였던 일본을 보면, 1971년 고도성장세가 꺾였을 때 1인당 GDP(구매력평가 기준)는 미국의 65.1%였는데, 이는 영국보다 약간 적고 이탈리아보다 약간 많은 정도였다. 반면 1997년 한국의 1인당 GDP는 미국의 51.8%에 지나지 않았고, 영국이나 이탈리아 같은 선진국과는 거리가 멀었다.

위기 전 과잉투자가 조정되면서 성장률이 떨어졌다는 주장도 실증적 근거를 좀 더 살펴보아야 한다. 과잉투자가 조정되었다면 무엇보다 생산성 증가율이 올라가야 할 것이다. 총요소생산성의 증가가 없는 상태에서 요소투입에 의해서만 한국의 고도성장이 이루어졌고, 다시 그로써 위기가 이어졌다는 주장은 경제학계에 광범위하게 받아들여졌다. 위기 후 개혁은, 그러한 성장패턴을 극복할 것으로 기대되었다. 그러나 현실적인 생산성 증가는 기대한 만큼 이루어지지 않았다. 생산성 증가율은 연구에 따라 차이가 있지만, 위기 후 그것이 상승했다는 뚜렷한 근거는 없다. 이런 현상에 대해 성장률 하락이 자연스럽다는 주장을 하는 측에서는 한국이 낮은 발전단계에서 추격할 때는 생산성 증가가 쉬웠지만, 성숙단계에 들어왔기 때문에 생산성 증가가 어려워졌다고 한다. 그러나 이 주장은 한국경제의 생산성 없는 성장이 위기의 원인이 되었다는 견해가 많은 지지를 얻었다는 것을 회고한다면 – 두 주장이 꼭 같은 사람들에게서 나온 것이 아니더라도 – 당혹스러운 면이 있다.

이 문제는 위기 전 '과다차입에 의한 과잉투자'를 유발하는 원인이 되었던 금융을 살펴보아도 드러난다. 한국의 금융은 개발국가시대 이래 위기 전까지 투자를 지원했지만, 위기 후 가계금융의 비중 증가로 상대적으로 소비를 더 지원하게 되었다. 그것이 소비자의 '유동성 제약'을 완화해서 그 후생 수준을 올렸는지는 모르지만, 투자에 유리하게 작용하지는 않았다. 더욱이 가계금융 또한 과다차입을 유발하는 경향에서 자유롭지 못해서 가계부채 문제가 금융 시스템의 건전성을 위협하기에 이르렀다. 즉, 기업금융에서건 가계금융에서건 한국 금융시스템의 역량이 취약한 것이다. 그러나 같이 취약한 금융시스템이라도 투자를 지원하는 기업금융으로부터 소비를 지원하는 가계금융으로 중점이 옮겨진 것은 성장에 도움이 되지 않는다.

금융의 중점이 가계금융으로 이동한 결과 투자에 어려움을 겪는 것은 중소기업일 가능성이 크다. 위기 후 대기업은 내부 유보가 증가하고 직접 금융 의존도가 상승한 반면, 중소기업은 그렇게 되기가 어려웠다. 이것은 현실적으로 금융의 가용성(availability) 문제가 투자의 제약요인이 될 수밖에 없는 상황에서 투자에 불리하게 작용했을 것이다.

이것은 총요소생산성 증가추세에서도 나타난다. 위기 전후의 총요소생산성 증가율에 대한 지금까지의 연구결과를 종합해보면 대체로 다음과 같다. 위기 후 대기업(재벌)과 제조업은 총요소생산성 증가율이 상승했지만, 경제 전체로는 그렇지 못했다. 이것은 위기 후 구조조정의 성격 때문이다. 대기업은 위기 전 열악한 기업거버넌스와 연성예산제약하에서 과다고용 상태에 있던 인력을 정리한 뒤 남은 인력의 노동 강도 상승 등으로 생산성을 올렸다. 그러나 그 과정에서 방출된 노동력을 생산적으로 고용해줄 주체는 나타나지 않았다. 그 주체는 중소기업이나 중견기업이 되어야 하겠지만, 위기 후 중소기업이나 중견기업은 오히려 더 위축되었다. 그 결과 방출된 노동력은 영세기업에 취업하거나 영세자영업자가 되었다. 제조업과 서비스업 간에도 이와 비슷한 관계가 성립해서, 제조업에서 방출된 인력이 음식업, 숙박업 같은 서비스업에 밀집하게 되었다. 이런 구도하에서 경제 전체의 생산성이 오르기는 어렵다.

더욱이 GDP가 아니라 실제로 한국인의 호주머니에 들어오는 국민총소득(GNI)으로 보면 위기 후 성장률이 더 떨어졌다. GNI 증가율은 1982년부터 1996년까지 평균 9.7%였으나, 1998년부터 2012년까지는 평균 3.1%로 떨어졌다. 위기 후 GNI 증가율이 GDP 증가율에 1%p나 미달하게 된 것은 교역조건 악화가 주원인인데, 그것은 주로 중국의 등장으로 국제 원자재 가격이 올랐기 때문이다. 이것은 외환위기의 결과는 아니지만, 위기 후 한국경제의 성장을 어렵게 하는 요인인 것은 틀림없다.

반면 위기 후 국제투자를 통해 천문학적 '국부 유출'이 일어난 것은 외환위기의 직접적 결과이다. 이것은 국민계정에 통계로 잡히지 않는데, 외국인의 이익이 투자소득보다는 자산 가격 변동에 따른 차익으로 나타나고 있기 때문이다. 차익이 송금을 통해 실현된 경우에도 자본거래로 취급되어 GNI 계산에 잡히지 않는다. 그러나 차익을 실현해나가고 남아 있는 자산가액으로만 보아도 문제가 드러난다. 한국은 위기 이후 1998년부터 2012년까지 3,267억 달러의 누적 국제(경상)수지 흑자를 냈음에도 2012년 말 현재 아직 대외부채가 대외자산보다 1,030억 달러 더 많은 '순채무국'이다. 소득을 소비하지 않고 저축하는 이유가 부를 쌓기 위한 것이라는 점을 감안하면 외국인의 차익은 한국인의 국민소득을 낮추는 것이나 마찬가지이다. 이것이 성장률에 어떻게 영향을 주었는지는 분명하지 않지만, 경우에 따라 국민소득의 증가율이 2%대가 되었을 가능성도 배제할 수 없다. 다시 말해 위기 전 15년간(1982~1996년) 10%에 가까운 성장률에서 위기 후 15년간(1998~2012년) 2%대 성장률로 떨어졌을 가능성이 있는 것이다.

거기에다 성장잠재력도 약화되었다. 우선 재정상태가 악화되었다. 위기 처리과정에서 공적 자금 투입으로 국가채무가 늘어났다. 거기에다 이명박 정부는 5년간 감세와 4대강 사업, 공공요금 억제 등으로 국가채무를 늘려 놓고 은닉했다. 앞으로 가계부채 문제가 처리됨에 따라 국가 채무가 더 늘어날 수도 있다. 출산율 하락으로 연금 등에 잠재하고 있는 우발채무가 늘어날 가능성도 커졌다.

위기 후 외환위기의 가능성이 올라간 것도 성장잠재력을 낮추는 효과가 있다. 위기 직후 금융 개혁으로 위기를 막을 수 있다는 한국인의 기대는 빗나갔다. 한편 자본시장을 전면 개방한 결과 외환위기의 가능성이 커졌다. 아직도 대외채무를 외화로 질 수밖에 없는 한국에게 외환위기는 국내 금융위기와는 비교가 되지 않을 정도로 치명적이다. 그것은 2008년 글로벌 위기에서 그대로 나타났다. 이것은 불확실성을 올려서 성장잠재력을 낮춘다.

성장잠재력을 낮추는 또 하나의 요인은 '사고방식의 변화'이다. 한국인은 1997년 위기 후 대량 도산과 해고를 겪으면서 불확실성을 극도로 기피하게 되었다. 그 결과는 불확실성이 낮은 직종에 대한 선호로 나타났다. 그런 직종은 결국 국가권력에 기댄 것들이다. 국가가 직접 고용하는 공무원, 국영기업직원과 국가 권력으로 진입이 제한된 의사, 변호사, 교사 등이다. 반면 기업인이 되려는 인재는 줄거나 수준이 하락하고, 이공계 기피로 과학기술 인력의 질도 대폭 떨어졌다. 그 결과 위기 후 한국은 더욱 '지대추구형 사회'가 되었다. 이것은 위기 후 개혁이 미국식 '세계 표준'을 지향했다는 점에서 매우 역설적 현상이라 하지 않을 수 없다.

그와 함께 두뇌 유출이 다시 시작되었다. 한국은 1970~1980년대 개도국 중 최초로 두뇌 유출을 역전시키는 데 성공했으나, 위기 후 두뇌 유출이 재역전된 것이다. 경제성장은 결국 '지력' 향상에서 온다는 점, 최근 세계적으로 인재 확보 경쟁이 치열해지고 있다는 점에서 이는 문제가 아닐 수 없다.

이렇게 볼 때 위기 후 성장률 하락을 자연스러운 현상이라고 생각할 수 없다. 한국은 성장의 위기를 맞고 있다고 볼 수밖에 없다.

그나마 이루어진 성장도 일자리 창출로 이어지지 못하고 있다. 위기 후 올라간 환율 덕분에 수출 증가가 성장을 견인했지만, 주된 수출 분야는 자본집약적 중화학공업인 데다 그 주체는 자본집약적 생산방식을 택하는 대기업이다. 행복(기업)도시나 4대강 같은 토건사업도 비슷하다. 늘어난 것은 비정규직과 영세자영업으로서, 실업은 아니지만 일자리의 질이 형편없다. 민간부분의 일자리의 질이 낮은 것은 다시 기업가정신의 후퇴를 통해 성장잠재력 저하로 이어진다.

위기 후 일자리 부족이 지속되는 한편 교육수준은 지속적으로 상승해서 대학진학률이 80%에 달하게 되었다. 한국인은 전반적으로 과잉교육(over-education), 과잉자격(over-qualification) 상태에 놓이게 된 것이다. 높은 교육을 받은 인력이 일자리가 없는 것은 사회 불안의 요인이다. 이런 점에서 지금 한국은 '우골탑' 용어가 유행하던 1960년대 초와 비슷한 위기 상황이라고 할 수 있다.

일자리의 부족은 소득분배에서 불평등을 심화시킨다. 과거 한국은 수출지향적 공업화로 일자리를 지속적으로 창출함으로써 '형평을 수반한 성장(growth with equity)'을 달성할 수 있었다. 사회안전망이 부재하다시피 하고, 노동조합이 약함에도 시장 소득으로만 보면 상대적으로 평등한 구도를 유지할 수 있었다. 이 구도는 1990년대 중반 자본집약적 중화학공업의 비중이 증대함에 따라 약화되기 시작해서 1997년 위기 후 대규모 구조조정에 따라 한층 악화되었다. 그 후 구조조정 효과가 일단락되면서 진정 국면에 들어섰지만, 일자리가 창출된 것은 아니기 때문에 분배 상태 역시 회복되지 않고 있는 실정이다. 한편 위기 후 사회안전망 구축으로 정부에 의한 교정 폭은 확대되었으나, 시장 소득 악화를 막아내지 못하고 있다.

3. 지속적 성장의 과제

앞 절의 논의에서 밝혀진 것처럼 한국경제의 지속적 성장 방안은 '일자리를 수반하는 성장 동력 회복'에서 찾아야 한다. 이것은 전혀 새로운 이야기가 아니다. 지금까지 수없이 많은 대책이 제시된 문제이다. 따라서 여기서 새로운 아이디어를 낸다는 것은 있을 수 없고, 다만 그 나름대로 중요하다고 생각하는 과제들에 대해 언급하고자 한다.

제2절 투자와 총요소생산성 증가에 대한 논의의 결론은 중소기업과 서비스산업 육성이 일자리를 수반하는 성장 동력 회복의 방법이라는 것이다. 서비스산업도 결국 중소기업 문제라고 볼 수 있다. 애초에 중소기업으로부터 일자리가 충분히 창출되지 않아서 영세기업이나 자영업이 서비스산업에 몰린 것이야말로 낮은 서비스산업 생산성의 이유이다. 중소기업의 경쟁력을 올리는 방안이 서비스산업 발전과 맞물리는 경우도 많다. 예컨대 중소기업의 문제 중 두드러지는 것이 금융인데, 금융기관이 중소기업 대출의 위해 신용 평가 능력을 향상시키거나, 대출 기업에 컨설팅해주는 능력을 키우는 것은 중소기업 육성과 금융산업 발전이 맞물려 있는 경우이다. 중소기업이 대기업과의 하도급 관계에서 교섭력을 올리는 방법 중 하나는 거래처를 해외로 다변화하는 것이다. 물론 이것이 가능한 중소기업은 아직 거의 없기 때문에, 컨설팅과 훈련을 통해 그 능력을 키우는 것이 기업서비스산업의 발전을 위한 주된 과제이다.

중소기업이 문제의 핵심이라는 것을 인식했다는 점에서 박근혜 정부의 경제정책은 일단 방향은 바로잡았다고 할 수 있다. 중소기업 문제는 5공화국 이래 어느 정부나 이야기해왔지만, 정권 초기부터 본격적 추진 의사를 보인 것은 김대중 정부에 이어 박근혜 정부가 두 번째이다. 특히 이명박 정부가 정권 초기에 재벌 위주 정책으로 역주행을 한 뒤 결국 그 굴레를 벗어나지 못한 데 비하면 방향을 제대로 잡은 것이다.

중소기업 정책이 성공하려면 어떻게 해야 하는가? 아직 구체적 방안이 나오지 않아서 뭐라고 말할 수는 없다. 그러나 무엇보다 먼저 김대중 정부의 중소·벤처기업 정책을 재검토할 필요가 있을 것 같다. 김대중 정부의 정책은 거품 붕괴와 스캔들로 추진력을 잃어버렸지만, 그때 추진한 정책이 다 잘못된 것은 아닐 것이다. 외국의 사례도 참조해야겠지만, 그때 추진했던 정책 중에(예컨대 벤처인증제도 등) 한국적 토양에서 필요한 정책도 있을 것이다. 과거의 정책은 아무리 중요한 것이라도 반추하는 경우가 거의 없는 것이 한국의 현실이지만, 이 문제는 그래서는 안 될 것 같다.

박근혜 정부의 문제 인식의 방향은 맞지만, 그것이 실행으로 옮겨질 수 있을지에 대해서는 많이 이들이 아직 충분히 신뢰하지 못하고 있다. '나 홀로 인사' 스타일 때문에 출범한 지 3개월이 다 되도록 가장 중요한 슬로건인 '창조경제'의 정의조차 나오지 않았다. 그 외에도 실행이 중요한 영역은 많다. 예컨대 최근 국회에서 중소기업과 대기업 간의 하도급 관계에서 기술 탈취나 부당한 구매가격 인하, 구매 계약 파기에 대해 징벌적 보상을 법제화한 것은 고무적이지만, 그것이 실제 행동으로 옮겨지려면 더 많은 노력이 있어야 할 것이다. 대기업의 방해 행위를 극복하는 것도 물론 문제이다. 대기업과 중소기업, 나아가 재벌문제에 대해 지난 대선에서 야당 후보는 '구조주의'를, 박근혜 후보는 그것보다 약한 '행태주의'를 내세웠지만, 대기업의 로비에 휘둘려 행태주의까지 포기하는 일은 없어야 할 것이다.

한편 중소기업이 중견기업으로 상승할 수 있도록 하는 것도 중요하다. 대기업 비정규직보다 중소기업 정규직 처우가 더 나쁜 상황에서 중소기업이 중견기업으로 자라나지 못하면 일자리 문제를 해결할 수 없다. 중소기업이 중견기업으로 격상하기 위해서는 대기업의 방해 행위를 막는 것도 중요하지만, 그에 앞서 자본금 규모나 종업원 수로 중소기업을 정의해서 혜택을 부여하고 그 기준을 넘으면 혜택이 일거에 사라지게 만들어 놓은 현행 유인 구조를 고쳐야 한다. 이를 위해서는 재정 부담이 불가피한데, 중견기업 육성은 재정 부담에서 높은 우선순위를 부여할 필요가 있다. 일부 재원은 중소기업에 대한 지원을 줄임으로써 조달할 수 있을 것이다. 이와 함께 재무구조로 보아 존속이 불가능함에도 살아 있는 '강시기업' 중에는 중소기업이 압도적으로 많을 것으로 생각되는데 그 구조조정 방안을 마련해야 한다.

교역조건 악화로 GDP 증가율보다 GNI 증가율이 낮은 상황을 극복하려면 자원 절약적 산업 및 소비구조의 개편이 필요하다. 이 문제의 사실상 중·단기적 해결책은 없기 때문에, 장기적 관점으로 꾸준히 추진해야 할 것이다.

1997년 위기 이후 국제투자를 통해 외국인이 일방적으로 이익을 얻는 구도도 고쳐야 한다. 위기 후 금융기관의 대형화·국제화·겸업화를 추진한 데는 이론적 타당성과 무관하게 그런 구도를 고치려는 동기가 있었다고 생각된다. 그러나 아직 성과는 없고, 2008년 위기 이후에는 그것이 바람직한지에 대한 합의도 잃어버린 상태다. 이 문제는 머리말에서 이야기한 것처럼 1997년과 2008년 위기의 역사적 성격이라는 관점에서 이해할 필요가 있다. 지난 30여 년간 득세한 '신자유주의'의 중심에는 무엇보다 세계금융자본이 있다. 한국은 1997년 위기로 세계금융자본이 주도하는 '카지노 자본주의'로 끌려 들어간 것이다. '돈을 딸' 자신이 없으면 카지노에 가지 않을 자유도 있어야 한다. 그러나 신'자유'주의는 그것을 강요했다. 그것이 외환위기의 가능성을 올렸기 때문에, 한국은 외국인의 일방적 수익을 보면서 '수익을 포기해 위험을 피했다'라고 여길 수도 없는 입장이다. 이제 국제통화기금(IMF)까지 자본통제를 허용하는 입장으로 바뀌고 당장 미국, 일본, 유럽이 모두 양적 완화를 시도하고 있는 상황에서 한국이 단기자본을 시장에 열어두는 것이 적절한 행동인지 생각해보아야 할 것이다.

성장잠재력을 올리기 위한 조치로서 재정 건전성을 확보하고 출산율을 올려야 함은 두말할 필요가 없다. '지대추구형 사회'에서 '이윤추구형 사회'로 가려면 중소·벤처기업 및 과학기술자 육성을 위해 우수한 인재를 일찍부터 뽑아서 국가가 평생 커리어를 관리해주는 시스템을 만들어야 할 것이다. 그러는 한편 정부가 창출하는 지대를 축소해야 한다. 그를 위해 정경유착, 관치경제를 지양하고 전문직에 대한 진입장벽을 낮추어야 할 것이다. 그중에서도 특히 중요한 것이 사법 개혁이다. 사법 개혁은 사회정의를 세우기 위해서뿐 아니라, 그 후진성이 창출하는 지대 때문에 우수한 인재가 빨려 들어가는 현상을 막기 위해서도 꼭 필요한 일이다. 나아가 예컨대 중소기업–대기업 관계에서 최근 법제화된 '징벌적 보상'이나 기타 공정거래에 대한 입법이 실효성을 띠려면 사법 개혁이 전제되어야 한다. 경제민주화가 법제화되더라도 최종적으로 그 실효성을 담보하는 것은 사법 개혁이다. 그러나 박근혜 정부는 이 문제에 대해 매우 소극적인 것 같다.

두뇌 유출을 '재재역전'시키기 위해서는 돌아온 인력이 '일할 수 있는 조건'을 마련해주어야 한다. 생산성이 높은 인력은 생산성이 높은 인력과 결합되어서 상승효과를 내며 일해야 제대로 생산성을 발휘할 수 있다. 일부 소수가 돌아와서 기존 인력과 섞이기보다는 상승효과를 낼 수 있도록 다수가 집단을 이루어서 돌아오도록 해주어야 하는 것이다. 그러기 위해서는 이들에게 '자기들만의 세계'를 만들어주는 것이 중요하다. 이것은 수도권도 마찬가지이지만, 특히 지역균형발전을 이루기 위해서 필요한 전략이다.

과잉교육, 과잉자격 현상 해소를 위한 조치로서는 이미 마이스터고 같은 제도가 도입되었는데, 그 정착이 과제가 될 것이다. 그와 동시에 과잉교육

현상의 바탕이 되는 '학벌 현상' 해소가 필수적이다. 여기서 학력과 학벌은 구분할 필요가 있는데, 학력보다는 학벌 현상이 훨씬 부정적 효과가 크다. 학력은 시장 신호(signal)의 문제로서, 없애려고 해도 잘 없어지지 않고 다른 변수로 대체하려 할 경우 오히려 나쁜 결과를 초래할 가능성이 크다. 반면 학벌은 패거리 내지 연줄(connection)의 문제로서 지대추구적 성격이 훨씬 강하다. 학벌 문제의 원천은 기본적으로 정경유착과 관치라고 할 수 있다. 진정한 시장경제하에서는 기업이 항상 진검승부를 해야 하므로 종업원의 학벌보다는 실력이 더 중요하다. 그러나 관치가 일반화되어 있는 조건에서는 국가 권력에 접근하는 능력이 바로 실력이 된다. 이런 현상은 지난 20여 년간 세계화와 자유화에 따라 한층 더 심해지고 있다. 정경유착과 관치사회의 조건은 그대로 있는데, 경쟁만 심해지다 보니 권력과의 관계 강화가 가장 확실한 경쟁력 확보 방법이 되어버린 것이다. 따라서 학벌 개혁의 핵심은 바로 정경유착과 관치사회의 개혁 여부라고 할 수 있다.

현시점에서 복지의 확대는 불가피하다. 복지와 성장의 관계가 보완적일 수 있다는 것은 잘 알려진 바다. 특히 한국같이 '동시다발적 자유무역협정' 같은 세계화 전략을 추구하는 조건에서는 사회안전망 확대가 필수적이다. 둘의 보완적 관계에 대한 인식은 이미 김대중 정부의 '생산적 복지', 노무현 정부의 '동반성장(성장과 분배의 선순환)' 등으로 나타난 적이 있다.

복지 확대는 성장친화적으로 해야 할 것이다. 그러기 위해서는 무엇보다 재정 건전성을 더 악화시키는 일이 없어야 한다. 재정을 악화시키면서 추구하는 복지정책은 포퓰리즘이다. 복지 포퓰리즘이 나타나면 지속적 성장은 물론 불가능해진다. 여기서 각별히 유의해야 할 점은 한국이 복지 포퓰리즘이 나타날 '토양'을 갖추고 있다는 점이다. 복지 포퓰리즘은 제대로 된 민주국가에서는 잘 나타나지 않는다. 그것은 권위주의 정치가 민주화되면서 나타나는 경향이 강하다. 권위주의 정치하에서 배제되었던 대중의 불만이 사회갈등으로 나타날 때 그것을 단기적으로 봉합하는 것이 복지 포퓰리즘의 전형이다. 대중의 불만의 근원은 무엇보다 권위주의하에서 저질러진 불공정이다. 그런 불공정에 대한 대중의 반발을 개혁을 통해 정면에서 해결하지 못하고 선심으로 때우는 것이 복지 포퓰리즘인 것이다.

한국도 과거 권위주의 정부하에서 불공정한 방식, 즉 정경유착, 관치금융, 편법상속, 부동산투기, 전관예우, 배임횡령, 노동억압 등으로 많은 부가 형성되었다. 그런 이유로 민주화 이후 포퓰리즘이 나타날 가능성이 항상 존재하고 있었다. 한국이 민주화 이후 포퓰리즘을 피해갈 수 있었던 것은 포퓰리즘을 경계하는 '공론'을 조성할 수 있는 능력이 있었고, 단계적으로나마 복지를 늘리고 불공정한 구조를 지속적으로 개혁해왔기 때문일 것이다. 그러다가 이명박 정부가 복지 확대의 불가피성을 간과하고 감세를 하며 개혁을 역주행시키고 민주화도 후퇴시켰다. 지난 1여 년간 복지가 성장과 결부되지 않고 자체로서 구호가 된 것은 다분히 이런 배경 때문이다.

아마도 박근혜 정부가 이야기했던 '증세 없는 복지'는 불가능할 것이다. 따라서 복지 지출의 우선순위를 정하고 그 범위를 단계적으로 확대하면서 증세를 위한 사회적 대화와 타협을 유도할 필요가 있다. 여기에서 야당이나 재야 세력도 보편적(universal) 복지를 획일적(uniform) 복지와 혼동하면 안 된다. 보편적 복지는 '권리로서의 복지'를 말하며 '시혜적 복지'와 반대되는 것이다. 보편적 인권으로서의 복지를 실현하기 위해 선별적인 정책을 실시할 수 있는 것이다. 포퓰리즘을 경계하는 '공론'은 아직 유효하기 때문에 정치 지도자들이 합의하면 '생산적 복지' 또는 '동반성장'의 길로 복귀할 수 있을 것이다. 그와 동시에 불공정한 부의 원천인 정경유착, 관치금융, 편법상속, 부동산투기, 전관예우, 배임횡령, 노동억압 등의 문제도 해결해야 한다.

참고문헌

고영선·이재준·강동수·안상훈·유경준 엮음. 2012. 『견실한 경제성장과 안정적 사회 발전을 위한 정책제언』. 서울: KDI.

곽노선. 2007. 「성장회계 분석을 이용한 외환위기 전후의 성장요인 분석과 잠재성장률 전망」. 외환위기 이후 10년: 전개과정과 전개에 대한 한국경제학회 학술세미나 발표 논문(2007.6.11).

박원암. 2005. 「체제전환모형을 이용한 외환위기 충격의 영속성 분석」. ≪국제경제연구≫, 제11권 제2호, 33~52쪽.

안상훈. 2006. 「미시데이터에 근거한 1990년대 이후 한국경제의 산업생산성 추이 분석」. 신인석·한진희 엮음. 『경제위기 이후 한국경제 구조변화의 분석과 정책방향』. 서울: KDI.

유종일. 2013. 「민주진보 진영의 경제 패러다임에 관해」. 연세대학교 김대중도서관 학술회의 김대중의 대중경제 발표문(2013.4.18).

이제민. 2007. 「한국의 외환위기: 원인, 해결과정과 결과」. ≪경제발전연구≫, 제13권 제2호, 1~43쪽.

허대녕. 2010. 「우수 과학기술인력의 유출·입 동기 분석 및 해외 우수 인재 유치 촉진 방안 연구」. 2010 한국정책학회 동계학술대회 논문집.

Berg, Andrew, D. O. Jonathan and J. Zettelmeyer. 2008. "What Makes Growth Sustained?" *IMF Working Paper*.

Cho, Taehyung, Junghoon Kim and P. Schreyer. 2012. "Measuring the Evolution of Korea's Material Living Standards 1980-2010." OECD Statistics Working Papers.

Choo, Ki-neung, Keun Lee, Keunkwan Ryu and Jungmo Yoon. 2009. "Changing Performance of Business Groups over Two Decades: Technological Capabilities and Investment Inefficiency in Korean Chaebols." *Economic Development and Cultural Change*, Vol.57, No.2, pp.359~386.

Dornbush, Rudiger, and Sebastian Edwards(eds.). 1992. *The Macroeconomics of Populism in Latin America*. Chicago: The University of Chicago Press.

Easterly, William. 2002. *The Elusive Quest for Growth: Economist's Adventures and Misadventures in the Tropics*. Cambridge: MIT Press.

Eichengreen, Barry, D. H. Perkons, and Kwanho Shin. 2012. *From Miracle to Maturity: The Growth of the Korean Economy*. Cambridge: Harvard University Press.

Hausmann, Ricardo, L. Pritchett and D. Rodrik. 2005. "Growth Accelerations." *Journal of Economic Growth*, Vol.10, pp.303~329.

Krugman, Paul. 2008. *The Return of Depression Economics and the Crisis of 2008*. New York: W. W. Norton.

Kuznets, Simon. 1968. *Toward a Theory of Economic Growth: With Reflections on the Economic Growth of Modern Nations*. New York: W. W. Norton.

Lane, Philip R. and Gian Maria Milesi-Ferretti. 2007. "The External Wealth of Nations Mark II: Revised and Extended Estimates of Foreign Assets and Liabilities, 1970-2004." *Journal of International Economics*, Vol.73, pp.223~250.

Lee, Jaymin. 2013. "The Political Economy of Foreign Exchange Crisis and International Investment." 한국경제학회 공동학술대회 발표 논문(2013.2.22).

Pyo, Hak K. 2007. "Productivity Growth and Structural Change in Korean Economy before and after the Financial Crisis." a paper for the Conference on Ten Years after the Korean Crisis organized by IMF and KIEP, September 20-21, Seoul.

Rostow, Walt W. 1960. *The Stages of Economic Growth*. Cambridge: Cambridge University Press.

http://www.ggdc.net/maddison/Maddison.htm

제5장

재벌의 실태와 경제적 파급효과

김근수 | 경희대학교 국제대학원 부교수

1. 머리말

1960년 초만 하더라도 한국은 세계에서 가장 가난한 나라 중 하나였다. 1962년 1인당 국민소득은 87달러밖에 되지 않았다. 당시 가나와 수단의 국민소득이 한국과 비슷한 수준이었으며 필리핀의 1인당 국민소득은 한국의 약 3배 정도였다. 1990년대 들어 성장률이 둔화하기 시작했지만, 한국은 몇 차례의 경제위기를 제외하면 줄곧 고도성장을 했다. 2010년 1인당 국민소득은 2만 달러를 넘었으며, 2012년 구매력 기준으로 1인당 국민소득은 3만 달러 정도로 선진국 수준이다.

한국의 경제발전은 자본주의 체제하에 기업의 사적 소유권을 인정하면서 동시에 정부의 적극적인 경제성장정책을 추진해 이루어졌다. 정부의 경제성장정책에 부응하는 기업들에게 상당한 금융적·비금융적 혜택이 제공되었고 이러한 혜택에 힘입어 일부 기업은 거대 재벌기업으로 성장하게 되었다. 압축성장이라고 일컬어지는 한국경제의 발전이 가능했던 것은 재벌기업들의 놀라운 성공에 힘입은 바가 크다. 그러나 한국재벌이 정부로부터 제공받은 혜택과 지원 없이 오늘날의 대기업으로 성장할 수 있었을지는 회의적이다. 의도했든 의도하지 않았든 한국경제는 재벌과 동반성장의 관계였고, 외환위기 당시 한국경제의 위기 또한 재벌의 위기와 더불어 찾아왔다.

재벌이 한국에서 차지하는 비중은 절대적이다. 국내총생산(GDP) 대비 자산비중은 1992년도 35.1%에서 1998년 60.3%로 6년간 25.2%p의 증가를 기록했다. 2002년 GDP 대비 5대 재벌의 자산비중은 32.8%로 외환위기 이후 가장 낮았고, 그 이후 계속 증가해 2010년 GDP 대비 자산총액이 48.6%가 되었다. 8년간 15.8%p 증가한 것이다. 외환위기 당시만큼 비중이 높지 않으나 여전히 높은 증가추세를 보이고 있다. 특히 재벌 계열사 수의 증가율은 외환위기보다 오히려 높다. 5대 재벌의 계열사 수는 2010년에 366개였다. 외환위기 당시 계열사 수가 가장 많았던 1999년과 비교해볼 때도 계열사의 수는 42% 증가했다.

외환위기 이후 재벌의 경제력 집중이 다시 주목받고 있는 것은 한국 재벌이 세계적 기업으로 성장했음에도 이전같이 한국경제발전의 견인차 역할을 하지 못하기 때문인 듯하다. 현재 재벌에 대한 평가는 극단적으로 갈라져 있다. 긍정적인 시각에서 보면, 재벌은 한국 수출의 역군이자 경제발전의 주역이다. 재벌의 최첨단 제품들이 세계시장을 장악했고 재벌의 브랜드는 한국의 위상을 높이는 아이콘으로 자리 잡았다. 세계시장에서 경쟁력을 갖춘 재벌그룹 덕분에 세계적 경제침체에도 한국이 꾸준한 수출 증가와 경제성장을 이룩할 수 있었다는 평가도 있다. 한편, 재벌을 부정적으로 보는 시각에서는, 재벌은 독점적 시장 지배력을 이용해 중소하청업자에게 불공정거래를 강요하고, 총수의 독단적인 의사결정에 따라 움직이며, 지나친 사업 확장으로 서민경제권까지 장악하려 한다. 재벌의 경제력 집중은 한국 사회의 양극화 심화의 상징이기도 하다.

재벌에 대한 부정적 견해는 외환위기 이후 10년 이상이 지난 오늘날 더 팽배해진 것 같다. 이명박 정부가 들어서면서 법인세 인하, 출자총액 제한 제도의 폐지, 각종 규제완화, 수출활성화를 위한 고환율 선호 정책 등 기업 친화적인 경제정책을 추진했음에도, 내수경제의 활성화는 뚜렷하게 나타나지 않고 있다. 오히려 양극화의 심화와 고용창출 없는 성장이라는 비판이 제기되고 있다. 재벌 자체의 성공적 신화는 계속되고 있는 듯 보이고 있음에도 재벌이 과거와 같이 한국경제의 견인차 역할을 하지 못하는 이유는 무엇인가? 외환위기 당시 재벌에 대한 비판은 과도한 자산증식으로 인한 자본구조의 악화, 수익성 악화, 재벌총수의 소유와 지배력의 괴리 현상, 그리고 재벌의 지나친 경제력 집중 등 다양한 측면에서 제기되었다. 외환위기 이후 재벌은 이와 같은 측면에서 얼마나 벗어났는가?

이 연구의 목적은 두 가지이다. 첫째, 외환위기 당시 지적되었던 재벌의 재무구조, 수익성, 소유구조가 어떻게 변화했는지를 살펴보고자 한다. 특히 재벌의 급속한 자산증가에 필요한 자금을 어떻게 조달했는지에 대해 5대 재벌을 중심으로 살펴보고자 한다. 둘째, 재벌의 경제적 파급효과를 검토하고, 재벌의 성장이 왜 한국경제발전의 원동력으로 더 이상 인정받지 못하는지를 분석하고자 한다.

외환위기 이후 한국 재벌의 변화를 부채비율, 소유구조, 수익성, 전문화 등의 측면에서 분석한 연구로는 최정표(2009a)를 들 수 있다. 최정표는 1986년부터 2007년까지 30대 재벌에 대한 패널데이터를 이용해 재벌의 부채비율, 수익성, 소유구조, 상호출자, 투명성, 전문화 측면에서 재벌개혁의 성과가 있었는지를 분석했다. 이 연구도 부채비율, 수익성, 소유구조를 검토하고 있다는 점에서 동일한 주제를 다룬다. 그러나 이 연구는 5대 개별 재벌의 결합 혹은 연결재무제표 자료를 이용해 제한적이지만 이들 변수 간의 상호연관성을 고려하고 있다는 점에서 최정표의 연구와 차별화될 수 있다. 특히 이 연구는 개별 재벌이 자산증식과정에서 자금을 어떻게 조달했는지에 초점을 맞추어 재무구조를 분석하고 있다. 부채가 자산증식을 위한 주요 자금조달 방식이었던 외환위기 이전의 경우 재벌의 부채비율이 매우 높았다. 외환위기 이후 부채의 증가 이외에 어떠한 경로를 통해 자산증가에 필요한 자금을 확보하고 있는지 규명하고자 한다. 자금조달은 부채, 신규증자 혹은 내부자금을 통해 이루어지는데, 그 방식에 따라 재벌의 부채비율, 소유구조 및 수익성과 밀접한 관련성을 지니기 때문에 이에 대해 분석하고자 한다.

한국 경제발전의 대표주자인 재벌의 수출증진과 성장이 더 이상 내수시장 활성화에 기여하지 못하는 이유에 대한 연구는 지금까지 전무했다고 볼 수 있다. 재벌이 해외시장에서 상당한 성과를 거두고 있음에도 내수시장이 여전히 침체되어 있는 현상은, 과거의 경제발전과정에서는 찾아보기 힘든 최근의 현상이기 때문이다. 외환위기 전후에 5대 재벌들의 고용계수의 변화를 조사함으로써 재벌이 고용에 미치는 효과를 검토해보고자 한다. 그리고 산업연관표를 이용해 수출의 부가가치유발계수와 취업·고용 유발계수가 외환위기 이후 어떻게 변화했는지를 분석할 것이다. 산업연관표는 최종 수요에 대해 고용과 부가가치의 유발계수를 산출하기 때문에 재벌 자체의 매출증가에 따른 고용 및 부가가치유발계수를 구할 수는 없다. 이에 이 연구는 재벌의 매출 대신 재벌의 비중이 높은 수출에 대한 취업·고용 유발계수와 부가가치유발계수의 변화를 통해 재벌의 경제적 파급효과를 파악하려 한다.

이 연구의 구성은 다음과 같다. 우선 제2절에서는 재벌에 대한 기존문헌을 검토한다. 이어 제3절에서는 외환위기 이후 주요 재벌의 재무구조, 수익성, 소유구조에 대해 분석한다. 제4절에서는 외환위기를 전후해 재벌이 국내경제에 미친 파급효과를 살펴보기 위해 재벌의 매출과 수출 증가가 고용과 부가가치에 어떠한 영향을 미치는지를 분석한다. 제5절에서는 연구결과의 요약과 해석으로 결론을 맺고자 한다.

2. 기존문헌 연구

한국 재벌에 대한 학계의 연구는 재벌의 역사에 대한 연구, 재벌과 기업가치의 관련성을 검증하는 실증분석, 재벌의 소유·지배구조의 문제점에 대한 분석, 그리고 재벌개혁정책의 효율성 여부에 대한 논의에 집중되어 있다. 이한구(2010)는 개별 기업들이 해방 이후 어떤 과정을 거쳐 재벌로 성장하게 되었는지를 시기별로 상세히 설명하고 있다. 그는 한국의 대표적인 재벌그룹이 성장할 수 있었던 역사적 배경은 물론, 이들 재벌의 특징과 문제점도 기술하고 있다. 최정표(2009b)는 1980년도의 매출액 기준으로 30대 재벌을 선별해 2007년까지 이들 재벌이 어떻게 변화해왔는지를 추적해 재벌의 흥망사를 살펴보고 있다. 30대 재벌 중 10개는 해체되고, 4개는 30대 재벌에서 빠질 정도로 쇠락했으며, 나머지 16개는 지속적으로 성장했다. 그는 이러한 변천의 원인에 대해 '과도한 부채에 의한 무리한 기업 확장'이라는 기존의 설명이 일정 부분 설득력이 있다는 점을 인정하면서도, 개별 재벌마다 고유한 요인이 있다고 보고 있다. 또한 해체 혹은 쇠락한 14개의 재벌을 대체한 신규 재벌 중 7개는 기존 재벌에서 분리된 기업들로, 기존 재벌의 기득권을 바탕으로 새 재벌이 창출될 가능성이 높다는 점을 지적했다.

재벌의 기업가치 혹은 기업성과에 대한 실증분석결과는 분석기간마다 상이하다. 1970년대와 1980년대의 데이터를 사용한 연구에서는 재벌의 수익성이 비재벌의 수익성보다 높다는 결과가 나온 반면(Chang and Choi, 1988), 1990년대의 재벌에 대한 연구는 재벌그룹이 효율성이 낮다는 결론을 내리고 있다(Choi and Cowing, 1999; Joh, 2003; Ferris et al., 2003). 또 다른 실증분석에서는 ① 1984~1988년에는 일반기업과 비교해 재벌의 가치손실이 발생하지 않았으나, ② 1990~1995년에는 과잉투자 때문에 재벌의 가치손실이 발생했고, ③ 2001~2005년에는 재벌이 오히려 고평가를 받고 있다는 결과가 나왔다(Lee, Kim, and Lee, 2010). 외환위기 이후 재벌의 성과가 좋은 이유에 대해 투자의 비효율성을 줄이고 계열기업 간에 기술능력을 공유할 수 있었기 때문이라는 주장도 있다(Choo et al., 2009).

장대홍 외(2001)에 의하면 1999년 30대 집단의 지배적 대주주의 직접지분은 1980년 초반의 3분의 1 수준인 평균 5.4% 정도였지만, 지배지분은 거의 변동하지 않았다. 결국, 지배적 대주주가 자신의 지분을 줄이면서도 그룹기업에 대한 지배력을 유지하기 위해 계열회사의 보유지분을 확대해왔다는 설명이다. 이러한 현상은 1997년 말과 2002년 말 주요 재벌 계열사의 주식분포를 검토한 김진방(2003)의 연구에서도 확인되었다. 그 연구에서는 재벌총수일가의 지분은 하락했으나 내부지분은 거의 변동이 없어 소유와 지배의 괴리 현상이 지속되고 있음을 확인할 수 있다. 김진방(2007)은 1997년부터 2005년까지 30대 재벌의 순환출자를 측정해 8년간 순환출자가 빠르게 증가했음을 제시했다. 순환출자 현상은 1997년 말에는 7개 재벌에서만 발견되었지만 2005년 말에는 17개 재벌에서 나타났다. 이를 해소하기 위해 처분해야 할 주식의 순자산가액도 1997년 말 3,033억 원에서 2005년 말 3조 7,719억 원으로 늘어났다. 이러한 순환출자의 증가는 규제대상인 상호출자를 회피하면서도 지배주주의 지배력 유지하게끔 하는 방편이라고 할 수 있다.

성태윤·김우찬(2008)은 외환위기 이후 정부의 다양한 재벌정책들의 전개과정과 실효성을 평가하고 정책적 대안을 제시했다. 그들의 연구는 외환위기 이후 강화된 재벌 규제가 점차 완화되어오고 있음을 지적했다. 예를 들어 2002년에 출자총액 제한 제도의 적용 제외가, 2004년에는 출자총액 제한 제도의 졸업 요건 완화가 있었고, 2007년 들어 출자총액 제한 제도는 사실상 유명무실화 되었다고 지적하고 있다. 성태윤·김우찬은 순환출자의 금지, 출자총액 제한 제도의 발전적 보완, 지주회사 및 그 소속 회사에 대한 행위 제한 재도입을 제안하고 있다. 장지상·이근기(2012)는 경제력 집중 억제를 위한 대규모기업집단 정책을 일반집중, 다각화, 소유 집중의 차원에서 평가하고 개선방향을 제시하고 있다. 일반집중과 다각화는 2000년 중반 이후 증가했으나 그 폐해가 심각하지 않다고 평가하고 있다. 따라서 외환위기 이후 대규모기업집단 정책이 기존의 출자규제에서 내부거래로 인한 부정적 효과를 방지하고, 시장의 사후 감시를 유도하는 방향으로 전환한 것은 적절했다고 평가한다. 그러나 소유 집중의 심각성은 증폭되어 소액주주를 보호할 수 있는 기업지배구조 차원에서의 개선이 필요하다고 주장하고 있다.

3. 재벌의 실태

재벌은 총수의 지배하에 있는 기업집단으로 흔히 자산규모를 기준으로 순위를 매긴다. 이 연구는 한국 5대 재벌을 중심으로 재벌의 실태를 파악하고자 한다. 〈표 5-1〉은 자산규모 기준으로 재벌순위가 어떻게 바뀌었는지를 제시한 것이다. 주목할 만한 순위의 변화가 있는 연도만 제시했다. 공기업이거나 공기업에서 민영기업으로 전환한 한국도로공사, KT는 순위에서 배제했다. 1987년부터 1999년까지 부동의 1위는 현대이다. 삼성, 대우가 2,

〈표 5-1〉 재벌의 순위 변화(1987~2011년)

재벌순위	1987	1997	1999	2000	2004	2006~2011
1	현대	현대	현대	삼성	삼성	삼성
2	대우	삼성	삼성	현대	LG	현대자동차
3	LG	대우	LG	LG	현대자동차	SK
4	삼성	LG	SK	SK	SK	LG
5	한진	SK	한진	현대자동차	한진	롯데

자료: 대규모기업집단 정보시스템(http://www.ftc.go.kr/), 송원근·이상호(2005)의 부록 CD.

3위를 번갈아 했고, 한진은 1987년부터 1989년까지 5위였으나 그 이후 밀려나는 경우가 많았다. 1997년에 SK가 5대 재벌순위에 올라갔다. 현대자동차가 현대에서 분리된 2000년부터 삼성은 부동의 1위를 차지하고 있다.

흥미로운 것은 2000년 현대자동차가 5위였으나 사업이 꾸준히 성장하면서 2005년부터 2위를 고수하고 있다는 점이다. 2003년부터 지주회사로 전환한 LG는 2002년부터 2004년까지 2위였으나 LG와 GS 홀딩스로 분할되면서 3위 혹은 4위로 하락했다. 2005년부터 한진 대신 롯데가 재벌순위 5위를 차지한 이후 2006년부터 5개 재벌의 순위에는 변동이 없다. 현대자동차를 현대와 동일한 기업으로 본다면 24년 동안 5대 재벌에 이름을 올린 기업은 총 7개 기업에 지나지 않으므로 5대 재벌에 큰 변화는 없었다고 볼 수 있다.

1) 재무구조 분석

이 연구는 결합 혹은 연결재무제표를 이용해 외환위기 이후 5대 재벌의 재무구조를 분석하고자 한다. 연결재무제표는 기업 간 지배관계에 있는 기업들을 동일한 기업의 집단으로 여겨 개별재무제표를 종합해 작성한 재무제표를 말한다. 결합재무제표는 재벌총수가 실질적으로 지배하고 있는 모든 계열사를 하나의 기업으로 보고 작성한 재무제표를 말하므로 결합재무제표가 연결재무제표보다 더 광범위한 기업을 포함하고 있다.[1] 이 연구에는 국내와 해외 기업은 물론, 금융계열기업도 포함되어 있기 때문에 국내 기업만을 포함한 기업집단 정보포털의 재무제표와는 큰 차이를 보이고 있다. 연결 혹은 결합재무제표의 경우, 계열기업들을 하나의 기업으로 간주하므로 계열기업 간의 출자와 내부거래는 상호 상쇄된다. 따라서 결합·연결재무제표하에서는 더 효과적으로 재벌기업의 실질적 경영성과와 자본구조를 파악할 수 있다. 〈표 5-2〉와 〈표 5-3〉의 분석연도는 5개 연도로 1999, 2002, 2005, 2008, 2010년도를 포함한다. 1999년은 현대가 분할하기 이전이기 때문에 5대 재벌에 당연히 포함해야 하지만 2010년을 기준으로 볼 때 2000년도에 분할된 현대자동차의 순위가 2006년부터 2위에 오른 반면에 모기업인 현대는 재계 10위에도 포함되지 않기 때문에 현대자동차를 5대 재벌에 포함했고 현대는 5대 재벌에서 제외했다.

삼성의 자산은 1999년부터 2010년까지 11년간 약 3배 증가한 반면에 부채는 2.4배 증가했다. 삼성은 자산 확충에 필요한 자금을 채권발행이나 은행차입에 크게 의존하지 않았다.[2] 자산증가에 필요한 자금의 출처는 11년간 5.3배의 증가추세를 보인 자본총계에서 찾을 수 있다. 자본금과 자본잉

---

1) 원칙적으로 5조 원 이상의 기업집단은 결합재무제표를 공시하도록 의무화하고 있다. 그러나 결합재무제표 작성을 면제해주는 조항들이 있다. 예를 들어, 결합대상계열회사의 자산총액에서 연결재무제표에 포함되는 자산총액(부채)이 차지하는 비율이 80% 이상인 기업집단은 결합재무제표 작성을 면제받는다. 현대자동차가 2002년과 2005년에 연결재무제표만을 작성했고, LG는 2005년부터 연결재무제표를 제공하고 있다.

2) 사채는 국내외 채권, 전환사채, 신주인수권부 사채 등 채권발행을 의미하고, 차입금이란 국내외 은행기관에서 빌린 장단기 부채뿐만 아니라 유동성 장기부채를 포함한다. 유동성 장기부채란 상환 기간이 1년 미만인 장기 채권과 차입금을 의미한다.

여금이 1999년 16.49조 원에서 2010년 18.66조 원으로 큰 변화가 없기 때문에 신규주식의 발행이 자산증식의 주요인은 아니다. 이익잉여금은 1999년 5.12조 원에서 2010년 109.68조 원으로 무려 21.4배 증가했다. 삼성의

〈표 5-2〉 주요 재벌의 재무구조(1999~2010년)

기업	구분	1999	2002	2005	2008	2010
삼성	부채총계	101.01	133.91	154.88	224.11	245.22
	차입	26.8	23.45	16.87	24.72	25.18
	사채	9.8	11.78	5.57	5.99	5.3
	자본총계	22.77	40.40	59.38	84.86	121.63
	자본금+자본잉여금	16.49	16.34	17.69	19.57	18.66
	이익잉여금	5.12	24.90	45.68	70.37	109.68
	총자산	123.78	174.33	214.27	308.97	366.85
	부채비율(%)	443.6	331.3	260.83	264.1	201.6
	유동성비율	148.2	156.7	175.0	155.5	176.8
현대자동차	부채총계	16.15	32.69	46.24	89.07	99.32
	차입	4.25	11.08	15.72	34.35	29.99
	사채	2.40	6.76	8.80	15.71	21.53
	자본총계	9.24	13.44	19.64	29.90	45.25
	자본금+자본잉여금	6.42	6.77	7.07	12.72	13.91
	이익잉여금	1.00	3.68	8.81	17.25	31.96
	총자산	25.39	46.13	65.89	118.97	144.56
	부채비율(%)	174.8	243.2	235.4	297.9	219.5
	유동성비율	79.8	72.6	83.0	86.5	100.2
LG+GS	부채총계	42.8	58.78	43.92	62.21	66.66
	차입	20.61	24.92	14.4	22.47	19.15
	사채	7.70	13.39	8.57	9.05	10.11
	자본총계	12.05	17.20	25.31	36.93	43.88
	자본금+자본잉여금	10.11	14.00	17.95	16.4	16.33
	이익잉여금	1.96	4.25	8.14	18.03	27.41
	총자산	54.97	75.98	69.23	99.14	110.54
	부채비율(%)	356.1	341.7	173.5	168.5	151.9
	유동성비율	82.9	90.7	101.1	108.5	118.2

자료: 금융감독원 전자공시시스템(www.dart.fss.or.kr).

경우, 높은 수익성 때문에 내부자금으로 자산을 크게 증식할 수 있었다. 유동성비율은 유동자산을 유동부채로 나눈 값으로 1년 안에 단기부채를 상환할 수 있을 만큼 현금화할 수 있는 유동자산이 충분히 있는지를 보여준다. 삼성의 유동성비율은 150%를 초과하고 있어 단기부채를 상환하고도 남을 정도의 충분한 유동성 자산을 보유하고 있다.

현대자동차의 자산규모는 1999년 삼성 자산의 20.5% 수준인 25.39조 원이었으나, 급격한 성장을 이룩해 11년간 5.7배로 불어났다. 자본총계 중 이익잉여금이 1999년 1조 원에서 2010년 31.96조 원으로 증가한 것에서 알 수 있듯이 현대자동차는 사내유보금을 적극적으로 투자에 활용해왔다. 이 점에서는 삼성과 유사하다. 그러나 같은 기간 현대자동차의 부채가 6.1배 증가했을 정도로 자산증가를 위해 부채를 적극적으로 활용했다. 또한 삼성과 달리 현대자동차는 신규주식을 적극적으로 발행해 투자자금을 마련했다. 특히 자본금과 자본잉여금은 2005년 7.07조 원이었으나 2008년에는 12.72조 원으로 증가했다. 유동성비율은 2010년을 제외하면 100%보다 낮아 단기적으로 자금의 압박을 받았을 것으로 추정된다. 그러나 단기적 자금압박은 급격한 자산의 확충과정에 원인이 있는 것이지 수익성 악화 때문은 아니다. 요컨대, 현대자동차는 부채, 신규주식의 증자, 사내유보금 등 활용할 수 있는 모든 자금조달 채널을 이용해 빠르게 자산증식을 추진해왔다.

GS 홀딩스는 2004년 LG그룹에서 에너지와 유통업에 대한 출자부문을 분할해 출범했으나 시계열 자료 분석의 연속성을 위해 LG에 포함해 분석했다. LG의 자산은 1999년 54.97조 원에서 2010년 110.54조 원으로 약 2배 증가했다. 2002년과 비교해 2005년의 총자산은 약간 감소한 것으로 나타나지만, 이는 LG그룹에서 LG전선이 분리되는 과정에서 발생한 일시적인 현상으로 보인다. 자본총계는 같은 기간 12.05조 원에서 43.88조 원으로 약 3.6배, 금액으로 따지면 31.83조 원 증가했다. 부채비율은 1999년 356%에서 2010년 152%로 상당히 감소했고 유동성비율도 83%에서 118%로 크게 개선되었다. LG는 부채보다 자본에 의존해 자산을 증식시키고 있다고 볼 수 있다.

〈표 5-3〉은 SK, 롯데, 한진의 결합·연결재무제표 자료를 보여준다. SK는 1999년도 기준으로 현대, 삼성, LG 다음으로 자산의 규모가 큰 재벌이었다. 지주회사 형태의 소유구조를 갖고 있는 SK의 자산은 1999년부터 2010년까지 약 2.3배 성장했다. 2010년 SK 총자산은 LG그룹에서 GS 홀딩스가 분리됨에 따라 재벌순위 3위를 차지하고 있다. SK의 경우 신규주식의 발행에 따른 자금 증가를 자산증식의 가장 큰 요인으로 볼 수 있다. 자본총계 계정에서 주식발행에 따르는 자본금과 자본잉여금이 14.9조 원 증가했다. 부채비율은 1999년도 255%에서 2010년도 185%로 감소했다.[3] SK가 대규모 신규주식의 발행을 통해 자산을 증가시켰다는 것은 주목할 만한 특이현상이다. 이와 같은 대규모 신규주식발행은 재벌총수의 소유지분율을 감소시킨 것으로 추정된다. 이에 대해서는 제3항 재벌의 소유구조에서 논의하기로 한다.

롯데는 2006년부터 자산규모 기준으로 재벌순위 5위를 차지했다. 롯데는 자산증가에 필요한 자금을 위해 차입과 채권발행, 신규주식발행, 그리고 이익잉여금과 같이 내외자금을 모두 적극적으로 활용했다는 점에서 현대자동차와 비슷하다. 한진의 총자산은 1999년 25.58조 원에서 2010년 30.54조 원으로 11년간 큰 성장을 이룩하지 못했다.

요약하면, 삼성과 LG는 내부자금을 이용해 자산을 증가시키고, 현대자동차와 롯데는 자산증가를 위해 부채, 내부자금 그리고 신규주식발행 등 모든 방법을 총 동원해 자산을 빠른 속도로 증가시켰으나 부채비율이 과다하게

---

3) 2002년 부채비율이 503.1%로 급격하게 상승한 것은 분식회계 처리과정에서 발생한 일시적인 당기순손실로 이익잉여금과 자본총계가 함께 감소했기 때문인 것으로 보인다.

높아지지는 않았다. SK는 다른 재벌과는 달리 대규모 신규주식발행을 통해 자산을 증가시켰다는 점에서 차이가 난다.

〈표 5-3〉 주요 재벌의 재무구조(1999~2010년)

기업	구분	1999	2002	2005	2008	2010
SK	부채총계	24.36	34.51	25.95	44.14	49.91
	차입	5.2	9.01	7.03	16.62	16.0
	사채	10.84	6.7	6.4	11.29	12.25
	자본총계	9.52	6.86	16.82	24.76	27.04
	자본금+자본잉여금	8.60	6.77	6.06	23.22	23.50
	이익잉여금	0.93	-3.73	2.82	3.32	6.24
	총자산	33.93	41.37	42.77	68.9	76.95
	부채비율	255.1	503.1	154.3	178.3	184.6
	유동성비율	83.1	66.2	133.9	107.7	116.2
롯데	부채총계	6.70	9.65	14.28	20.45	36.45
	차입	2.56	3.74	4.22	6.13	10.65
	사채	0.96	1.40	2.80	4.34	8.14
	자본총계	7.71	9.65	12.01	19.70	31.4
	자본금+자본잉여금	5.96	6.15	6.2	9.7	10.41
	이익잉여금	1.78	3.12	5.7	9.9	12.87
	총자산	14.41	18.93	26.29	40.15	67.85
	부채비율	86.9	104.0	118.9	103.8	116.1
	유동성비율	88.6	78.9	87.9	108.5	104.3
한진	부채총계	18.81	20.46	13.86	21.19	24.45
	차입	4.45	4.56	3.94	7.88	9.79
	사채	2.40	3.58	2.66	4.06	4.05
	자본총계	6.78	5.14	6.34	5.92	6.1
	자본금+자본잉여금	5.99	5.52	4.30	4.62	4.19
	이익잉여금	0.83	-0.31	2.15	0.74	0.43
	총자산	25.58	25.60	20.21	27.11	30.54
	부채비율	277.4	398.1	218.6	357.9	400.8
	유동성비율	92.7	88.5	84.3	67.9	62.8

자료: 금융감독원 전자공시시스템.

2) 수익성 분석

재벌의 수익성은 매출액, 영업이익, 당기순이익을 중심으로 분석했다.[4] 〈표 5-4〉에 의하면 5대 재벌 중 삼성의 수익성이 제일 두드러진다. 삼성의 경우 지난 11년간 가장 견고하게 높은 수익성을 달성했다. 앞서 재무구조 분석에서 언급했듯이, 삼성은 높은 수익성에 힘입어 대규모 부채나 신규주식의 대량 발행 없이도 자산을 빠르게 성장시킬 수 있었다. 〈표 5-4〉의 수익 분석 대상인 5개 연도 중 글로벌 금융위기로 경제가 급속도로 침체되기 시작했던 2008년도에 삼성은 가장 낮은 자기자본이익률(return on equity: ROE)을 기록했으나 5대 재벌 중에서는 가장 높은 수익률을 달성했다. 삼성은 2005년과 2008년을 제외하면 판매마진율이 10%를 상회하고 있어 제품의 경쟁력이 상당히 높다고 평가할 수 있다. 2010년도 당기순이익은 무려 23.45조 원에 이르고 있다.

총자산 성장률이 가장 높은 현대자동차는 당기순이익 규모가 2008년까지 LG와 GS의 당기순이익의 합보다 적었다. 그러나 2010년의 당기순이익은 10.13조 원으로 삼성 다음으로 높다. 판매마진율은 삼성은 물론 다른 재벌보다 높지 않아 자동차 판매 경쟁이 치열하다는 것을 시사한다. ROE는 연도별로 기복이 심하지만 2010년 20%를 초과하는 등 높은 수익성을 보여주고 있다. 매출액은 분석기간 동안 5.4배나 증가해 자산규모의 증가만큼이나

---

4) 판매마진율은 매출액 대비 영업이익의 비중을 의미한다. 매출액에서 영업이익이 차지하는 비중은 시장에서 상품의 경쟁력을 의미한다고 볼 수 있다. 즉, 시장에서 그 상품이 우수해 다른 상품과의 경쟁에서 우위를 보이고 있다면 판매마진율이 높을 것이고 만약 그렇지 않다면 판매마진율은 낮을 것이다. ROE는 자본총계 대비 당기순이익을 나타낸다. 자본총계는 주주가 기업에 투자한 자금을 나타낸다고 볼 수 있으므로 주주의 입장에서 투자대비 수익성이 얼마나 되는지를 보여준다.

〈표 5-4〉 주요 재벌의 수익성(1999~2010년)

기업	구분	1999	2002	2005	2008	2010
삼성	매출액	86.44	118.94	145.36	206.08	259.63
	영업이익	8.95	13.40	11.35	12.10	29.14
	당기순이익	2.92	9.66	9.12	9.42	23.45
	판매마진율(%)	10.35	11.27	7.81	5.87	11.22
	ROE(%)	12.82	23.90	15.36	11.10	19.28
현대자동차	매출액	24.45	48.12	58.83	93.12	131.25
	영업이익	0.97	3.13	2.29	5.23	12.79
	당기순이익	0.81	1.90	2.82	2.00	10.13
	판매마진율(%)	3.97	6.50	3.89	5.62	9.74
	ROE(%)	8.77	14.14	14.36	6.69	22.39
LG+GS	매출액	51.73	79.11	91.08	139.4	154.07
	영업이익	3.04	4.69	4.75	8.55	10.22
	당기순이익	2.72	2.25	3.13	3.36	7.20
	판매마진율(%)	5.88	5.93	5.22	6.13	6.63
	ROE(%)	22.63	13.08	12.37	9.10	16.41
SK	매출액	33.05	43.40	48.29	88.8	90.70
	영업이익	2.05	3.88	4.86	4.45	5.2
	당기순이익	0.27	-4.69	3.38	1.74	2.72
	판매마진율(%)	6.20	8.94	10.06	5.01	5.73
	ROE(%)	2.83	-68.37	20.10	7.03	10.06
롯데	매출액	9.03	16.22	24.49	33.15	47.35
	영업이익	0.51	1.19	2.16	1.70	3.14
	당기순이익	0.27	0.62	1.27	1.56	1.63
	판매마진율(%)	5.65	7.34	8.82	5.13	6.63
	ROE(%)	3.50	6.68	10.57	7.92	5.19
한진	매출액	24.45	16.22	15.25	21.62	22.89
	영업이익	0.97	1.19	1.17	0.35	1.84
	당기순이익	0.55	0.62	0.64	-1.67	0.62
	판매마진율(%)	3.97	7.34	7.67	1.62	8.04
	ROE(%)	5.95	6.68	10.09	-28.21	10.16

자료: 금융감독원 전자공시시스템.

빠른 성장을 보이고 있다.

LG와 GS의 매출액도 빠르게 증가했다. 〈표 5-4〉에서 제시한 연도별 당기순이익은 큰 기복 없이 안정적인 성장을 보여주고 있다. 판매마진율은 5~6%로 LG와 주 업종에서 겹치는 삼성보다 낮다. 그러나 LG와 GS의 ROE는 10%를 크게 상회하는 연도가 많아 상당히 높다고 할 수 있다. LG와 GS의 ROE가 높은 이유는 높은 자산회전율에 있다. 자산회전율은 총자산 대비 판매액을 의미하는데, 1년간 판매액을 실현하기 위해 기업의 자산을 몇 번이나 사용했는지를 나타낸다. 자산회전율이 높을수록 기업은 자산을 효율적으로 사용했다고 할 수 있다. 삼성의 경우 자산회전율이 2008년 66.7%밖에 되지 않지만 LG와 GS의 자산회전율은 140.6%이다. LG와 GS는 적은 자산으로 상대적으로 많은 매출을 창출함으로써 판매마진율이 낮음에도 상당히 높은 ROE 수준을 유지하고 있다.

SK의 매출액은 2010년 90.7조 원으로 삼성 매출액의 3분의 1 정도이다. 2002년도 SK의 영업이익은 3.88조 원이나 4.69조 원의 당기순손실을 기록했다. SK의 당기순손실은 이전에 발생한 손실의 누락을 2002년도에 반영해 특별손실 등이 과대하게 발생했기 때문이다. SK의 판매마진율은 현대자동차나 LG와 GS보다 저조하다고 볼 수 없으나 ROE는 2005년을 제외하면 저조한 경향이 있다. 롯데는 꾸준히 영업이익과 당기순이익이 증가하면서 재벌순위 5위를 차지했다. 판매마진율과 ROE도 높지는 않지만 5~10%대를 유지하고 있다. 한진의 경우 매출액이 전혀 증가하지 못했으며 당기순이익도 상당히 낮아 재벌순위가 하락하게 되었다.

3) 재벌의 소유구조

재벌의 소유구조와 경제력 집중에 대한 데이터의 경우 공정거래위원회의 자료를 이용했다. 공정거래위원회의 자료는 국내계열사만을 고려하므로 해외계열사를 포함한 결합·연합재무제표와는 상이하다. 공정거래위원회의 기업집단 정보포털에서는 소유권 지분과 관련해 의결권지분과 내부지분의 자료를 제공하고 있다. 의결권지분이란 의결권을 갖고 있는 주식 중 총수가 통제할 수 있는 지분, 즉 총수와 특수관계인, 계열사의 지분을 말하며, 내부지분이란 자본금 혹은 주식 수 기준으로 이들의 소유지분 비중의 합을 가리킨다. 일반적으로 총수와 총수일가의 의결권지분이 내부지분보다 높다. 그 이유는 총수와 총수일가가 주로 의결권을 갖고 있는 주식을 소유하고 있기 때문이다. 의결권지분에 대한 자료는 2008년까지만 이용할 수 있어 이 연구는 자본금 기준의 내부지분에 대한 자료를 이용해 소유구조를 분석하고자 한다. 내부지분의 장점 중 하나는 재벌총수와 그 일가가 실질적으로 투자한 자본금 기준으로 소유구조를 분석할 수 있다는 점이다.5)

재벌총수와 그 일가의 소유지분은 점차 감소하고 있는 추세이다. 장대홍 외(2001)에 의하면 1987년에 5대 재벌총수일가의 지분은 15.6%에서 1997년 8.6%, 1999년 4.6%로 지속적으로 감소했다. 계열사 지분은 30% 중반에서 40% 후반까지 연도마다 등락이 있으나 일정한 추세를 찾기는 어렵다. 그러나 계열사 지분과 총수일가의 지분의 합은 45%에서 50% 초반까지 비교적 일정하다. 즉, 재벌총수가 계열사들을 지배하는 데 충분한 지분을 항상

---

5) 공정거래위원회는 자본금 비중으로 측정한 내부지분과 주식 수 비중으로 측정한 내부지분을 분리해 공시하고 있다. 두 내부자본의 차이가 크게 발생할 여지는 많지 않으나, 기업이 주당 액면가를 감소시키는 감자를 할 경우 자본금의 변화가 발생해 두 기준의 내부지분율의 차이가 생길 수 있다.

유지하고 있다고 볼 수 있다.

2000년대 들어와도 재벌의 소유구조의 변화추세는 장대홍 외(2001)의 분석결과와 비슷하다. 〈표 5-5〉는 2005년부터 5대 재벌에 속한 삼성, 현대자동차, LG, SK 그리고 롯데의 소유구조가 2002년부터 2010년까지 어떻게 변화했는지 보여주고 있다. 〈표 5-5〉에 의하면 삼성의 동일인, 즉 총수의 지분은 2005년 0.28%에 지나지 않고, 2010년에도 0.53%로 매우 적은 지분을 보유하고 있다. 특수관계인의 지분도 점차 줄어들어 2002년 1.54%에서 2010년 0.68%로 감소했다. 동일인과 특수관계인의 지분을 합해도 2010년도에 1.21%에 지나지 않지만 계열사의 지분은 30% 혹은 40% 후반을 차지하고 있어 총 내부지분은 큰 변화를 보이지 않고 있다.[6] 특히 동일인과 특수관계인의 지분 합이 2002년 1.99%에서 2005년 1.25%로 감소했을 때 계열사의 지분은 37.9%에서 49.79%로 증가해 내부지분율은 오히려 상승했다. 이와 같이 재벌들은 계열사들의 지분을 이용해 다른 계열사들을 지배하고 있다.

현대자동차는 총부채, 이익잉여금은 물론 신규주식발행을 통해 공격적으로 자산을 증가시켰으나 동일인과 특수관계인의 지분의 합은 오히려 증가하는 추세를 보이고 있다. 특히, 특수관계인의 지분은 2002년도 0.06%에서 2010년 1.67%로 증가했다. 계열사의 지분도 삼성과 비슷한 추세를 보이고 있어 현대자동차의 내부지분율은 삼성과 비슷한 수준이다. LG의 경우 동일인과 특수관계인 지분의 합은 조금씩 감소하는 추세에 있다. 계열사의 지분은 약간 줄었으나 30%대를 유지하고 있고 다른 재벌과 마찬가지로 40%대

6) 엄격하게 말해 타계열사의 지분에도 재벌총수와 관계인의 지분이 존재하므로 이와 같은 간접지분까지 고려할 경우 재벌총수와 관계인의 지분은 늘어난다. 그러나 이와 같은 파생적 지분을 고려한다 해도 재벌총수의 지분이 크게 늘어나는 것은 아니다. 재벌의 소유지분율과 내부지분율에 대한 상세한 설명은 김진방(2007)을 참조하기 바란다.

〈표 5-5〉 주요 재벌의 자본금 기준 내부지분

(단위: %)

기업	구분	2002	2005	2008	2010
삼성	동일인	0.45	0.28	0.29	0.53
	특수관계인	1.54	0.97	0.99	0.68
	계열사	37.91	49.79	40.38	41.98
	자기주식	2.23	1.58	2.68	2.48
	내부지분	42.14	52.62	44.34	45.66
현대자동차	동일인	1.91	2.79	2.59	2.46
	특수관계인	0.06	0.57	1.40	1.67
	계열사	31.78	49.02	40.46	41.04
	자기주식	2.35	1.11	1.21	1.13
	내부지분	36.11	53.49	45.66	46.30
LG	동일인	0.61	1.15	1.23	1.27
	특수관계인	5.10	3.97	3.21	3.06
	계열사	36.07	35.14	31.08	31.50
	자기주식	4.01	0.09	0.22	5.66
	내부지분	45.79	40.34	35.74	41.49
SK	동일인	2.51	0.97	0.26	0.08
	특수관계인	0.70	0.82	1.40	0.91
	계열사	51.61	48.90	48.11	54.05
	자기주식	2.18	0.63	1.87	1.21
	내부지분	57.0	51.32	51.64	56.25
롯데	동일인	0.69	0.24	0.13	0.05
	특수관계인	4.27	2.13	2.27	2.52
	계열사	27.73	49.96	53.17	54.41
	자기주식	0	0	3.64	0.23
	내부지분	32.69	52.34	59.21	57.21
5대 재벌	동일인	1.53	1.09	0.90	0.88
	특수관계인	3.14	1.69	1.86	1.77
	계열사	37.39	46.56	42.64	44.59
	자기주식	3.47	0.68	1.92	2.14
	내부지분	45.53	50.02	47.32	49.39

자료: 공정거래위원회 기업집단포털(groupopni.ftc.go.kr).

의 내부지분율을 유지하고 있어 견고한 지배력을 지속하고 있다.

SK는 동일인과 특수관계인의 지분이 급격하게 감소한 재벌이다. 2002년 동일인의 지분이 2.51%였으나 2010년에는 0.08%에 지나지 않는다. 2010년의 동일인과 특수관계인의 지분을 합쳐도 0.99%이다. 그러나 계열사의 지분은 2010년 54.05%이다. 즉, 상당히 높은 계열사 지분을 이용해 총수의 지배력을 유지하고 있다. 롯데 또한 동일인의 지분율은 2010년 0.05%로 재벌 중 가장 낮다. 그러나 특수관계인의 지분은 2002년을 제외하면 조금씩이나마 증가하는 추세를 보이고 있다. 롯데의 내부지분은 2002년 32.69%였으나 2005년 이후 50%를 훨씬 넘어서고 있다.

연도별 5대 재벌의 재벌총수와 특수관계인의 지분은 1987년 15.6%에서 2010년 2.65%로 점차 감소하는 추세이다. 5대 재벌의 수익성이 2000년대에 매우 높아 자본총계의 상당부문을 이익잉여금으로 충당함에도, 총수와 특수관계인의 지분은 점차 줄어들고 있다. 이는 재벌의 기업 확장이 그만큼 빠르게 진행되고 있다는 것을 의미할 것이다. 계열사 지분은 2005년 이후 40%를 초과하고 있어 5대 재벌의 내부지분은 45% 이상을 유지하고 있다. 재벌의 내부지분은 재벌의 지배력을 충분히 유지할 만큼 안정적이라고 결론지을 수 있다. 이와 같이 적은 소유지분으로 많은 수의 계열사를 지배하는 것은 심각한 대리인 문제를 유발시킬 우려가 있을 뿐 아니라 특정계열사의 파산이 다른 계열사에게 연쇄적으로 타격을 입힐 우려가 크기 때문에 바람직하지 않다.

4. 재벌의 경제적 파급효과

외환위기 당시 재벌들의 경영상태가 극도로 악화된 이유로는 과잉차입

경영에 따른 취약한 자본구조, 과잉투자 혹은 지나친 사업 다각화에 따른 수익성 악화를 꼽을 수 있다. 장대홍 외(2001)에 의하면 30대 재벌의 평균 부채비율은 1989년 303.3%에서 1997년 579.3%로 급속히 증가했다. 1997년 한국의 제조업 전체 부채비율인 396.3%보다 높고, 미국(153.8%), 일본(186.4%), 타이완(85.7%) 기업의 부채비율과 비교해볼 때도 훨씬 높다. 그리고 30대 재벌의 평균 매출액 대비 수익률은 1991년부터 1997년까지 평균 2.3%에 지나지 않아 매우 저조했다(최정표, 2009a). 그러나 외환위기 이후 5대 재벌의 자산증식의 성격은 이전과 상당히 달라졌다. 앞서 살펴본 바와 같이 재벌은 외환위기 이전과 달리 탄탄한 성장을 하고 있다고 볼 수 있다.

그러나 최근 들어 재벌이 이룩한 높은 수익성과 빠른 성장이라는 과실이 경제 전반에 긍정적 영향을 주는 대신 일부 소수에게만 독점되고 있다는 비판이 증가하고 있다. 이 절에서는 왜 외환위기 이후 재벌의 탄탄한 성장이 국민경제 전반에 긍정적인 파급효과를 이끌어내지 못하고 있는가에 대해 고용측면에서 살펴보고자 한다. 특히, 재벌의 고용효과를 살펴보고자 한다. 그리고 재벌의 비중이 높은 수출의 부가가치, 취업 및 고용유발계수를 통해 국내경제 전반에 대한 수출의 직·간접효과를 살펴보고자 한다.

1) 재벌의 노동수요와 해외투자

5대 재벌이 직접 고용한 노동인력의 총수는 1996년 56만 명으로 최고점을 찍었으나, 외환위기 이후 급속도로 감소해 2000년도에는 33.1만 명으로 최저점을 기록했다. 그 이후 증가추세를 보이고 있으나 재벌의 순위가 바뀜에 따라 연도별로 다소 차이가 나타난다. 〈표 5-6〉은 5대 재벌의 기간별 고용자 수의 변화를 보여준다. 5대 재벌의 평균 고용자 수는 외환위기 직전인

〈표 5-6〉 5대 재벌의 평균 고용자 수와 고용계수

(단위: 명)

구분	1987~1990	1991~1995	1996~2000	2001~2005	2006~2010
평균 고용자	449,250	480,800	466,200	371,178	463,121
고용계수	3.59	2.45	1.38	1.19	1.21

자료: 대규모기업집단 정보시스템, 송원근·이상호(2005)의 부록 CD.

1991~1995년에 평균 48만 명이었다. 그러나 외환위기를 거치면서 재벌들의 고용 감축정책과 자산매각 등으로 그 수가 대폭 줄었다. 2001~2005년에는 평균 37.1만 명으로 상당히 감소했고, 2006~2010년에도 평균 고용자 수가 1991~1995년보다 낮은 수준이다. 〈표 5-6〉의 결과는 한국 5대 재벌들의 고용능력이 현격히 줄었음을 보여준다. 외환위기 이후 재벌의 높은 수익성과 매출액을 감안할 때 이러한 고용감소는 의외라고 볼 수 있다.

〈표 5-6〉은 5대 재벌의 평균 고용자 수뿐 아니라 10억 원 매출액 대비 고용자 수를 나타내는 고용계수도 같이 제시하고 있다. 물가는 2005년 불변가격을 기준으로 GDP 디플레이터(deflator)를 이용해 조정했다. 고용계수는 1987~1990년 3.59명에서 2006~2010년 1.21명으로 감소했다. 2001~2005년 기간을 제외하면 지속적으로 고용계수가 감소했다. 재벌의 매출액 증가에 따른 직접고용효과가 상당히 낮아졌다는 것을 보여준다. 2008년 기준으로 5대 재벌의 고용계수는 1.28인데, 이는 제조업 평균 9.2, 서비스업 18.1, 건설업 16.8과 비교했을 때 현격하게 낮다.

우선, 고용감소의 주된 요인으로는 재벌들의 해외투자 증가를 들 수 있다. 이용 가능한 개별 재벌의 해외투자 자료의 제약으로 대기업의 해외투자에 대한 시계열 자료를 살펴보았다. 〈그림 5-1〉에 따르면 한국 해외투자는 1980년대 후반까지 미미했다. 그러나 2004년부터 해외투자가 급속히 증가하고 있다. 2004년 대기업의 해외투자는 41.2억 달러였으나, 2011년에는

〈그림 5-1〉 한국 대기업의 해외투자

(단위: 백만 달러)

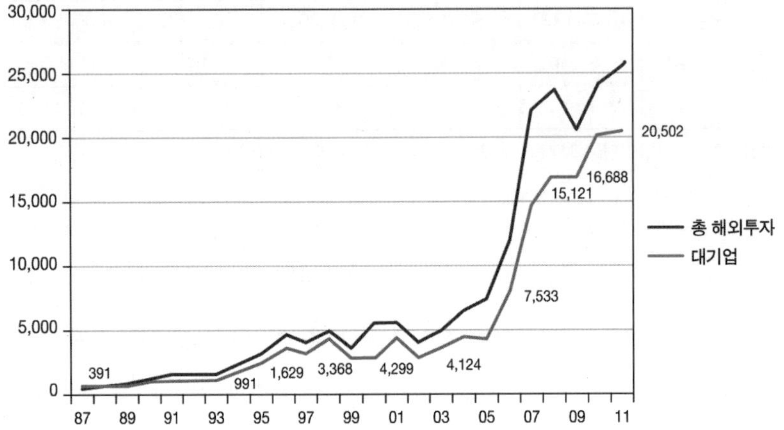

자료: 한국수출입은행.

약 5배인 205억 달러로 증가했다. 2011년 평균 환율로 환산하면 대기업은 약 22.7조 원을 해외에 투자했다. 5대 재벌의 경우도 마찬가지라고 추정할 수 있다. 사업보고서에 해외투자 현황에 대해 비교적 상세하게 다루고 있는 삼성의 경우, 연말 장부평가 기준으로 2004년 해외투자 잔액은 3.3조 원에서 2011년 15.7조 원으로 약 5배 가까이 증가했다. 결국, 재벌의 해외투자 증가는 해외고용을 증가시키고 국내고용효과를 감소시켰다고 볼 수 있다.

2) 수출의 부가가치—노동 유발 효과

재벌의 매출에 대한 취업·고용 및 부가가치 유발 효과를 직접적으로 분석할 수 있는 데이터는 없다. 따라서 수출과 재벌의 비중이 높은 한국 5대 수출상품에 대한 부가가치, 취업·고용유발계수를 살펴봄으로써 재벌의 경제적 파급효과를 간접적으로 살펴보고자 한다. 한국 수출기업 중 그 숫자가 1%

에 지나지 않는 대기업의 총수출비중은 2009년 현재 67.7%이고 상위 50대 기업의 수출비중은 60.9%, 상위 10대 기업은 37.3%이다(관세청, 2010). 그리고 한국 5대 수출품목에서 대기업이 차지하고 있는 비중은 2009년 기준 86.5%로 거의 절대적이다.

〈표 5-7〉은 1975년부터 2009년까지 수출의 부가가치유발계수와 취업·고용유발계수가 어떻게 변화되었는지 보여준다. 부가가치유발계수란 최종수요 1단위가 발생할 때 국민경제 전체에서 직·간접적으로 유발되는 부가가치의 단위를 의미한다. 예를 들어, 1975년 수출의 부가가치계수가 0.642라는 것은 1단위를 수출했을 경우 국민경제 전체에서 창출되는 부가가치가 0.642이고, 수입유발계수가 그 나머지 0.358이라는 의미이다. 즉, 1단위에 가까울수록 수출로 유발되는 국민경제 파급효과가 크고 0에 가까울수록 국민경제 파급효과가 적다는 의미이다. 1975년을 제외하면 수출의 부가가치유발계수는 1995년까지 증가추세를 보이고 있다. 이러한 추세는 수출이 국민경제에 미치는 파급효과의 증가를 의미한다. 즉, 1995년까지 한국경제의 수입의존적 수출성향이 점차 줄어들고 있었다. 그러나 외환위기 이후 수출의 부가가치유발계수가 급속히 감소해 2009년 가장 낮은 0.532를 기록하고 있다. 1단위를 수출하기 위해 0.468의 수입이 필요하기 때문에 국민경제에 미치는 수출의 파급효과가 이전보다 더 낮아졌다. 즉, 내수시장을 촉진시키는 수출의 역할을 이전과 같이 기대할 수 없게 된 것이다. 이와 같은 현상은 국가 간의 자유무역이 활성화되며 세계시장이 통합되는 추세 때문에 발생한 것이라 볼 수 있다. 국제시장의 수출경쟁이 심화된 상황에서 높은 경쟁력을 확보하기 위해서는 생산비절감이나 우수한 간접재의 확보가 필수적이다. 수출에 필요한 간접재의 시장이 세계시장으로 확대됨에 따라 수출에 필요한 생산재 등의 수입이 자연스럽게 늘어났고, 이로써 수출의 부가가치유발계수

〈표 5-7〉 수출의 부가가치유발계수와 취업·고용유발계수의 변화

연도	부가가치 유발계수	취업유발계수(명)		고용유발계수(명)	
		수출	산업 평균	수출	산업 평균
1975	0.642	138.60	175.67	94.89	82.62
1980	0.617	91.02	113.50	62.15	63.77
1985	0.628	61.88	76.33	45.35	45.94
1990	0.671	42.41	46.11	30.87	29.84
1995	0.674	23.43	27.86	16.79	18.35
2000	0.609	14.25	19.40	9.94	12.42
2005	0.589	10.78	15.76	7.97	11.08
2009	0.532	8.70	12.65	6.48	9.12

자료: 한국은행 경제통계시스템, 산업연관표.

가 하락했다고 볼 수 있다.

취업·고용유발계수의 추이는 수출이 국민경제에 미치는 효과가 왜 현격하게 약화되고 있는지를 극명하게 보여준다. 취업·고용유발계수란 10억 원의 최종 수요증가가 전 산업에 걸쳐 몇 명의 취업과 고용을 유발하는지를 보여준다는 점에서 고용계수와 차별화되는 개념이다. 즉, 취업·고용유발계수는 수출과 직·간접적으로 연관된 산업을 통해 얼마나 많은 취업과 고용이 발생했는지를 보여준다.

〈표 5-7〉에 의하면 수출의 취업·고용유발계수 모두 급속히 낮아지고 있다. 예컨대 10억 원의 수출이 1975년에는 138.60명의 취업과 94.89명의 고용을 유발했으나 2009년에는 8.70명의 취업과 6.48명의 고용을 유발했을 뿐이다. 취업·고용유발계수 감소는 크게 다음 세 가지 사실에서 그 원인을 찾을 수 있을 것이다.

첫째, 비교우위에 있는 수출산업이 노동집약적 산업에서 자본·기술집약

적 산업으로 전환되었다는 점이다. 1975년도 수출의 고용유발계수는 94.89명으로 전체 산업의 평균 고용유발계수인 82.62명보다 더 많다. 즉, 1970년 중반만 하더라도 주요 수출제품이 노동집약적인 성격을 띠고 있었다. 그러나 1995년부터 수출의 고용유발계수가 산업 평균보다 점차 적어지는 경향이 나타나고 있다. 둘째, 노동생산성의 향상으로 취업·고용 유발 효과가 산업 전반에서 감소했다는 점도 지적할 수 있다. 노동생산성 지수에 의하면 한국 광공업 분야에서 노동생산성은 2000년부터 2008년까지 연 평균 6.5%의 성장을 기록했다. 생산성 향상은 노동수요의 감소를 가져왔고 이는 취업·고용유발계수의 하락으로 이어졌다. 셋째, 수출이 국민경제 전체에 미치는 파급효과의 감소도 원인이라고 볼 수 있다. 수출의 부가가치유발계수가 하락했기 때문에 수출이 국내 산업 분야에 미치는 파급효과는 감소할 수밖에 없다. 부가가치유발계수의 하락은 앞서 언급한 바와 같이 수출시장의 세계화로 인한 수입의존도의 상승을 주된 이유로 꼽을 수 있다.

한국 수출 상위 5대 품목은 대표 재벌들의 수출품목과 일치하고 있다는 점에서 재벌의 경제적 파급효과와 더 밀접한 관련성을 지니고 있다. 5대 수출품목의 취업·고용 및 부가가치유발계수를 제시하고 있는 〈표 5-8〉에 따르면 한국 5대 수출품목은 1996년부터 2009년까지 큰 변화를 보이고 있지는 않다. 대표적인 수출품목은 선박, 자동차, 반도체 등이다. 1995년도에는 컴퓨터, TV와 같은 영상기기가 5대 수출품목에 포함되었으나 2009년도에는 이와 같은 품목이 포함되지 않았다. 컴퓨터와 영상기기는 5대 수출품목 중 가장 취업·고용유발계수가 높은 품목이었다. 그러나 2000년도에 들어와 컴퓨터의 취업·고용유발계수는 급격하게 감소했고 2005년에는 아예 5대 수출품목에서 제외되었다.

한국 수출품목 중 대표적인 고용창출 품목이었던 자동차의 경우도 취업·

〈표 5-8〉 5대 수출상품의 취업·고용유발계수와 부가가치유발계수

연도	수출상품 순위	수출금액 (백만 달러)	취업 유발계수(명)	고용 유발계수(명)	부가가치 유발계수(명)
1996	전자부분품(반도체)	15,237	7.87	6.88	0.668
	자동차	10,468	17.28	14.66	0.749
	선박	7,208	18.34	15.91	0.668
	가정용·전자기(영상기기)	5,550	21.37	18.42	0.619
	컴퓨터	5,462	19.06	16.60	0.464
	평균	8,785	14.93	12.89	0.656
2000	반도체	26,006	4.83	4.07	0.497
	컴퓨터	14,687	8.36	6.31	0.449
	자동차	13,221	12.84	10.35	0.729
	석유제품(연료유)	9,055	1.04	0.80	0.424
	선박	8,420	13.01	10.97	0.683
	평균	14,227	7.52	6.09	0.543
2005	반도체	29,986	6.16	5.36	0.520
	자동차	29,506	10.73	8.77	0.690
	통신 및 방송기기	27,495	8.39	6.93	0.515
	선박	17,727	9.90	8.39	0.601
	석유제품(연료유)	15,366	0.74	0.57	0.401
	평균	24,016	7.65	6.39	0.557
2009	선박	37,223	7.30	6.00	0.569
	통신 및 방송기기	29,531	6.18	5.03	0.440
	반도체	24,384	5.58	4.88	0.483
	전자표시장치	23,390	5.69	4.77	0.504
	자동차	22,399	8.78	7.17	0.661
	평균	27,385	6.72	5.57	0.530

자료: 통계청 e-나라지표(www.index.go.kr)의 10대 수출품목을 산업연관표의 분류기준에 맞추어 재분류함.

고용유발계수는 물론 부가가치유발계수까지 급격하게 감소하는 추세이다. 예를 들어 취업유발계수는 1996년도 17.28명에서 2009년도 8.78명으로 상당히 감소했다. 부가가치유발계수도 1996년 0.749에서 지속적으로 감소해 2009년에는 0.661이다. 부가가치유발계수의 지속적인 감소는 자동차 산업

에서 수입의존도가 점차 높아지고 있음을 의미한다. 부가가치유발계수의 감소는 수출 순위 5대 품목 거의 대부분에서 나타나는 현상이다. 반도체, 선박, 휴대 전화를 포함하는 통신 및 방송기기에서 부가가치유발계수가 감소하는 추세를 보이고 있다. 수출주력 상품의 높은 대외의존성 증가는 한국 수출산업과 내수산업의 연관성이 점차 줄어들고 있다는 것을 의미한다.

〈표 5-8〉을 보면 수출 상위 5대 품목의 평균 취업·고용유발계수와 부가가치유발계수 모두 1996년부터 2009년까지 지속적으로 하락하는 경향을 발견할 수 있다. 1996년 수출 상위 5대 품목의 평균 고용유발계수는 12.89명이었으나 2009년에는 5.57명으로 감소의 폭이 크다. 특히 외환위기 직후인 2000년도 고용유발계수는 6.09명으로 불과 4년 만에 고용유발계수가 절반 이하로 감소했다. 부가가치유발계수도 1996년도 0.656에서 2000년도 0.543으로 급격한 감소를 보이고 있다.[7)]

결론적으로 재벌이 성공적인 경영성과를 바탕으로 탄탄한 성장을 하고 있음에도, 재벌의 성장이 한국 내수시장에 미치는 파급효과는 점차 낮아지고 있다. 이는 재벌의 고용효과, 수출의 부가가치유발계수, 취업·고용유발계수가 모두 뚜렷하게 하락하고 있다는 사실에서 확인할 수 있었다. 재벌의 경제 파급효과를 감소시킨 요인으로 볼 수 있는 해외투자와 생산의 증가, 수출시장의 세계화에 따른 수입의존도 증가, 노동생산성 향상은 기업의 이윤추구 과정에서 나타난 결과라고 해석할 수 있다. 수출산업구조가 자본·기술집약적 산업으로 전환한 것 또한 경제발전과정에서 발생한 필연적인 현상이라고 볼 수 있다.

---

7) 외환위기 이후 대량 고용해고와 구조조정으로써 전 산업에서 고용이 감소한 이유도 있겠으나 환율의 상승에 따른 영향도 큰 것으로 보인다. 즉, 환율상승으로 인한 수입가격의 상승이 부가가치유발계수를 하락시켰고, 10억 원 수출에 상응하는 외국환 금액이 감소해 2000년도의 취업·고용유발계수도 하락한 것으로 추정된다.

재벌의 경제적 파급효과 감소는 한국 경제발전 정책에 중요한 시사점을 제공한다. 바로 수출 주도형 경제발전이 과거와 같이 내수시장의 활성화에 기여할 수 없다는 사실이다. 재벌 혹은 대기업 위주의 수출성장을 유도하는 외환관리 정책이나 세제 혜택 등으로는 더 이상 국내 내수시장 활성화에 크게 기여할 수 없다. 반대로 정부가 대기업에게 고용증가를 유도하는 인센티브 정책을 제시하거나 고용증가를 주문하는 것도 바람직하지 않다. 고용을 늘리라는 정부의 주문이 기업의 효율성과 경쟁력을 떨어뜨리게 될 것이기 때문이다. 외환위기 직전 재벌의 고용능력은 최대였으나 결국 수익성 악화와 과도한 부채로 많은 재벌들이 파산하게 된 사실에 주목할 필요가 있다.

5. 맺음말

해외시장에서도 경쟁력을 보이고 있는 재벌은 분명 한국경제발전 모델의 최대 수혜자임과 동시에 한국경제를 성공으로 이끈 주역이기도 하다. 그러나 외환위기 이후 재벌에 대한 많은 비판이 제기되었다. 이 연구는 외환위기 당시 재벌의 문제점으로 지적되어온 재무구조, 수익성, 소유구조의 관점에서 외환위기 이후의 재벌을 평가하고, 왜 재벌의 성공적 경영성과가 한국경제 전반에 긍정적인 파급효과를 이끌어내지 못하고 있는지를 분석했다.

외환위기 이전 순이익이 매우 적거나 마이너스를 기록했던 재벌은 외환위기 이후 놀라운 경영성과를 거두었다. 5대 재벌의 당기순이익은 1999년부터 2010년까지 11년간 7.3배 상승했다. 게다가 부채비율은 1999년도 342.4%에서 2010년도 184.8%로 오히려 크게 감소했다. 재벌의 자산증가도 빠른 속도로 이루어졌는데 자산증가에 필요한 자금경로는 개별 재벌마다 다르다. 삼성과 LG는 주로 내부자금을 이용해 자산을 증가시켰고, 현대자동차와 롯데는 자산증가를 위해 부채, 내부자금 그리고 신규주식발행 등 모든 방법을 총동원했다. SK는 다른 재벌과는 달리 대규모 신규주식발행을 통해 자산을 증가시켰다는 점에서 구별된다.

하지만 재벌의 우수한 경영성과와 건실한 자본구조, 성공적인 자산증식과는 별개로, 재벌의 소유구조는 외환위기 이전보다 더 악화되었다. 5대 재벌의 총수와 특수관계인의 지분비중은 1987년 15.6%에서 2010년 2.65%로 감소했으나, 5대 재벌의 내부지분은 45% 이상을 유지하고 있다. 즉, 재벌총수의 낮아진 지분율만큼 계열사의 지분을 증가시켜, 기업에 대한 지배력을 안정적으로 유지하고 있는 것이다. 결국, 외환위기 이후 재벌총수와 특수관계인의 지분이 점차 작아져 소유와 지배의 괴리 현상은 더 증대했기 때문에 대리인 문제의 심각성도 증대했다. 계열사 지분의 증가는 계열사 간의 의존성을 키우고, 이는 결국 특정계열사의 파산이나 재정적 어려움이 다른 계열사에 연쇄적으로 파급될 개연성을 크게 만든다.

재벌의 놀라운 성장에도 재벌이 국내경제에 미치는 긍정적인 효과는 빠른 속도로 감소하고 있는 것으로 나타났다. 5대 재벌의 고용자 수는 외환위기 때 구조조정으로 크게 감소한 후 차츰 증가했으나, 2006~2010년 46만 명으로 외환위기 직전인 1991~1995년의 평균 48만 명에도 미치지 못하고 있다. 10억 원 매출액 대비 고용자 수를 나타내는 고용계수도 1987~1990년 3.59명에서 2006~2010년 1.21명으로 감소했다.

재벌의 비중이 상대적으로 높은 수출의 경우도 예외는 아니다. 부가가치 유발계수는 1995년 0.674로 가장 높았고 그 이후 계속 감소해 2009년 가장 낮은 0.532를 기록하고 있다. 1단위를 수출하기 위해 0.468의 수입이 필요하기 때문에 국민경제에 미치는 수출의 파급효과가 이전보다 더 낮아지고 있다. 즉, 내수시장을 촉진시키는 수출의 역할을 이전과 같이 기대할 수 없게 된 것이다. 취업·고용유발계수의 추이는 수출이 국민경제에 미치는 효과가 왜 현격하게 약화되고 있는지를 극명하게 보여준다. 1975년 10억 원의 수출이 138.6명의 취업과 94.89명의 고용을 유발시켰으나 2009년 수출의 취업·고용유발계수는 각각 8.70명과 6.48명이다.

재벌 혹은 수출의 경제적 파급효과가 감소하는 요인으로 다음과 같이 네 가지를 들 수 있다. 첫째, 해외투자와 생산의 증가로 국내노동효과가 감소했다. 둘째, 비교우위에 있는 수출산업이 노동집약적 산업에서 자본·기술집약적으로 전환되어 노동수요가 감소했다. 셋째, 노동생산성의 향상으로 취업·고용 유발 효과가 산업 전반에 걸쳐 감소했다. 마지막으로 수출의 부가가치 유발계수가 하락해 수출에 따른 국내경제 파급효과가 감소했다. 수출의 부가가치유발계수의 하락은 수출을 위한 수입의존도의 상승을 의미한다. 수출의 수입의존도 상승은 생산비절감과 경쟁력 강화를 위해 기업이 수출상품에 필요한 생산재의 수입을 늘렸기 때문으로 추정할 수 있다. 즉, 세계화에 따른 필연적인 결과라고 해석할 수 있을 것이다. 이 네 가지 요인 모두 일시적인 현상이 아니다. ICT 분야의 기술혁신과 자동화에 힘입은 빠른 생산성 증가, 한국 산업구조의 고도화, 그리고 세계화를 반영하는 기업의 이윤추구의 결과물이라고 이해할 수 있을 것이다. 따라서 재벌의 성장이 국내경제에 미치는 파급효과는 앞으로도 계속 약화되어갈 것이라고 결론지을 수 있다.

수출 주도형 경제발전 모델은 지금까지 한국의 경제를 발전시키는 데 큰 기여를 한 것이 사실이다. 그러나 더 이상 기존의 경제발전 모델로는 당면하고 있는 경제양극화와 실업문제를 해결하기 어렵다. 재벌이 글로벌 시장에서 일류기업으로 발돋움하고 수출이 증가한 것은 분명히 한국 경제발전을 위해 바람직한 현상이다. 그러나 수출주력 산업이 자본·기술집약적인 산업이고, 수출의 해외의존성이 더 높아지고 있다는 구조적 문제 때문에 재벌의 성장과 수출증대가 더 이상 양극화와 실업문제의 해결방안이 될 수는 없을 것이다. 따라서 내수경제의 활성화에 필요한 정책적 대안에 대해 본격적인 논의가 요구된다. 최근에 정치권에서 제기하고 있는 경제민주화가 새로운 대안이 될 수 있을지에 대한 학술적 검토도 필요하다. 그러나 이를 위해선 우선 경제민주화에 대한 개념이 확실히 정립되고 구체적인 정책이 제시되어야 할 것이다. 기존 한국경제모델의 한계를 극복하기 위해서는, 무엇보다도 기업의 경쟁력을 강화 혹은 유지하는 동시에 실업문제를 해결할 수 있는 방안을 찾아야 할 것이다.

참고문헌

관세청. 2010.「한국 기업별 수출동향」.

김진방. 2003.「한국재벌의 소유과 지배: 1997~2002」. ≪경제발전연구≫, 제9권 제2호, 97~132쪽.

______. 2007.「30대 재벌그룹의 순환출자」. ≪경제발전연구≫, 제13권 제2호, 171~210쪽.

성태윤·김찬우. 2008.「외환위기 이후 10년: 재벌정책의 전개, 문제점 그리고 향후과제」. ≪한국경제의 분석≫, 제14권 제2호, 125~212쪽.

송원근·이상호. 2005.『재벌의 사업구조와 경제력집중』. 파주: 나남출판.

신동엽. 1998.「포스트재벌시대와 한국대기업의 구조」. ≪연세경영연구≫, 제35권 제1호, 103~136쪽.

이재민·어운선. 2000.「경제위기와 재벌도산」. ≪경제발전연구≫, 제6권 제1호, 33~62쪽.

장대홍·김우택·김경수·박상수. 2001.『재벌의 효율성』. 서울: 도서출판 소화.

장지상·이근기. 2012.「경제력집중억제를 위한 대규모기업집단 시책의 현황과 개선과제」. ≪경제발전연구≫, 제18권 제1호, 225~254쪽.

정균화. 2004.「과다차입과 과잉투자가 한국 경제위기의 주범인가?」. ≪재무관리논총≫, 제10권 제1호, 73~105쪽.

최용민·박진우·홍지상. 2010.「중소기업의 수출비중 하락과 대응전략」. 한국무역협회 국제무역연구원 연구보고서.

최정표. 2009a.「외환위기 직후의 재벌개혁과 그 성과에 대한 연구」. ≪산업조직연구≫, 제17권 제1호, 45~66쪽.

______. 2009b.「한국재벌의 흥망사」. ≪경제발전연구≫, 제15권 제2호, 233~261쪽.

Almeida, H. and D. Wolfenzon. 2006. "A theory of pyramidal ownership and family business groups." *Journal of Finance*, Vol.61, pp.2637~2680.

Bae, Kee-Hong, Jun-Koo Kang, and Jin-Mo Kim. 2002. "Tunneling or value added: evidence from mergers by Korean business groups." *Journal of Finance*, Vol.57, pp.2695~2740.

Bae, Sung C., Taek Ho Kwon, and Jang Woo Lee. 2011. "Does corporate diversification by business groups create value? Evidence from Korean chaebols." *Pacific-Basin Finance Journal*, Vol.19, pp.535~553.

Chang, S. Jin and Unghwan Choi. 1988. "Strategy, structure, and performance of Korean business groups: a transaction cost approach." *Journal of Industrial Economics*, Vol.37, pp.141~158.

Choi, Jeong-Pyo and Thomas Cowing. 1999. "Firm behavior and group affiliation: the strategic role of the corporate grouping for Korean firms." *Journal of Asian Economics*, Vol.10, pp.195~209.

Choo, K., K. Lee, K. Ryu, and J. Yoon. 2009. "Changing performance of business groups over two decades: technological capabilities and investment inefficiency in Korean Chaebols." *Econmic Development and Cultural Change*, Vol.57, pp.359~386.

Ferris, S. P., K.A. Kim, and Kitsabunnarat, P. 2003. "The costs(and benefits?) of diversified business groups: the case of Korean chaebols." *Journal of Banking and Finance*, Vol.27, pp.251~273.

Joh, Sung Wook. 2003. "Corporate governance and firm profitability: evidence from Korea before the economic crisis." *Journal of Financial Economics*, Vol.68, pp.287~322.

Lee, Keun, Ji Youn Kim, and Oonkyu Lee. 2010. "Long-term evolution of the firm value and behavior of business groups: Korean chaebols between weak premium, strong discount, and strong premium." *Journal of The Japanese and International Economies*, Vol.24, pp.412~440.

Lins, Karl and Henri Servaes. 1999. "International evidence on the value of corporate diversification." *Journal of Finance*, Vol.54, pp.2215~2239.

Perrotti, Enrico C. and Stanislav Gelfer. 2002. "Red barons or robber barons? governance and financing in Russian financial-industrial groups." *European Economic Review*, Vol.45, pp.1601~1617.

Shin, H. H. and Y. S. Park. 1999. "Financing constraints and internal capital markets: Evidence from Korean chaebols." *Journal of Corporate Finance*, Vol.5, pp.169~191.

제6장

금융안정을 위한 동아시아 통화·금융협력 방안 모색

신상기 | 가천대학교 국제통상학과 교수

1. 머리말

세계 경제는 2008년 글로벌 금융위기로 인한 침체의 늪으로부터 탈출하기 위해 노력했으나, 2011년 유로존 위기(euro crisis)가 발생하면서 블랙홀에 빠져들어 갈 것 같은 암울한 상황에 처하게 되었다. 1999년 유럽통화동맹(European Monetary Union: EMU)에서 유로화가 출범할 때 많은 이들은 기대와 두려움을 동시에 느꼈다. 다행히도 처음 12년간은 성공적으로 통화가치가 정착되는 것처럼 보였다. 하지만 2007년 미국 금융위기의 여파를 맞게 된 유로화는 유럽 재정위기를 초래하면서 위기에 직면하고 있다.

또한 금융위기를 극복하기 위한 미국과 유럽의 경기부양정책이 무색하게도, 2011년 8월 들어 유럽 재정위기가 현실화되었다. 특히 남유럽의 재정위기는 세계 경제에 어두운 그림자를 드리우고 있다. 이번 재정위기는 선진경제권에서 발생한 심각한 수준의 글로벌 위기라는 점에서 대공황 이후 찾아온 제2의 대공황(The Second Great Contraction)이 될 수도 있다는 암울한 전망마저 나오고 있는 실정이다. 또한 남유럽 재정위기는 남유럽 국채를 다량보유하고 있는 북유럽 금융기관들의 부실과 그에 따른 글로벌 신용경색으로 파급되었고 이것이 다시 미국의 재정절벽과 맞물리며 글로벌 경제를 실물경제 침체에서 헤어나지 못하게 하고 있다.

이러한 글로벌 신용경색과 경기침체는 금융과 실물 양면에서 대외의존도가 높은 한국경제에 큰 충격으로 다가오고 있다. 우선 금융 측면에서 외화유동성 확보가 중요한 과제로 대두되고 있는 가운데 환율이 급등하고 있고, 실물 측면에서도 수출이 둔화되고 투자도 저조해 경제성장률도 낮아지는 모습을 보이고 있다. 또한 세계 경제 침체와 이로 인한 금융불안이 동아시아 지역[1]의 금융안정에도 위협이 되고 있다. 이러한 글로벌 위기에 대항하고 금융위기의 재발을 방지하며, 동아시아 지역 금융을 안정시키기 위한 금융협력 논의가 여러 차례 있었고 현재도 진행되고 있다. 여기에서는 신흥 동아시아 국가들[2]과 일본을 중심으로 논의되고 있는 통화협력 방안과 정책대응 수단의 내용 및 그 효과를 검토하고자 한다. 대다수의 정책수단과 통화협력 방안들이 도입된 지 얼마 되지 않아 그 효과를 평가하기에는 아직 이른 것도 있지만, 가능한 자료범위 내에서 분석한 후 유럽의 사례를 참고해 정책적 시사점을 모색할 것이다.

이 글의 구성은 다음과 같다. 제2절에서 동아시아의 금융안정을 위한 통화협력의 배경과 전개과정을 살펴보고 그 방안의 예상되는 효과를 분석한 뒤, 제3절에서 경제·통화협력의 기본 모델이 되는 유럽의 통화협력을 살펴보며 효과와 문제를 짚어본 뒤 제4절에서 정책적 시사점을 제시하려 한다.

---

1) 동아시아 지역은 동북아시아와 동남아시아 지역을 지칭한다. 동북아시아는 한국, 홍콩을 포함한 중국, 일본, 타이완이고 동남아시아는 ASEAN 10개국, 즉 타이, 말레이시아, 인도네시아, 브루나이, 미얀마, 필리핀, 캄보디아, 라오스, 베트남, 싱가포르이다.

2) 중국, 홍콩, 한국, 인도네시아, 말레이시아, 베트남, 싱가포르, 타이, 필리핀.

2. 동아시아 통화·금융협력 방안들

아시아 경제의 지속적인 성장과 금융안정을 위한 방안으로 통화통합, 통화정책 협력, 금융안정 등이 논의되고 있다. 그런데 이러한 경제협력에는 단기적으로 해결하기 어려운 정치적 · 경제적 갈등으로 인한 장애요인이 많다. 이 때문에 현재 ASEAN과 한중일, 그리고 아시아 지역 금융을 다루는 아시아 개발은행(Asian Development Bank: ADB)을 중심으로 검토와 논의가 진행 중이다. 실제 실현가능한 대안으로 제시된 것은 CMIM의 강화, 역내 채권시장 육성, 역내 경제협력 강화 등이다. 아시아 지역 금융협력에서 금융안정을 위해 논의된 방안들을 구체적으로 나열하면 ① CMI(Chiang Mai Initiative)에서 CMIM(Chiang Mai Initiative Multilateralization)으로의 전환, ② 아시아 채권시장 발전방안(Asian Bond Market Initiatives), ③ 경제동향 및 정책대화(Economic Review and Policy Dialogue)에서 AMRO(ASEAN+3 Macroeconomic Research Office)로의 전환, ④ 일본 엔화와 중국 위안화 등 통화의 국제화, ⑤ 각 국가 간 통화스왑협정, ⑥ 아시아통화단위(Asian Currency Unit) 또는 지역통화바구니(Regional Currency Basket), ⑦ 아시아통화기금(Asian Monetary Fund) 등이 있다. 이와 관련해 이루어진 논의로는 2012년 5월 필리핀 마닐라에서 열린 제15차 ASEAN+3 재무장관 · 중앙은행 총재회의와 동북아 금융안정을 위한 한중일 3국 간 국채에 대한 상호투자방안에 대한 논의 등이 있었다.

1) CMI에서 CMIM로의 전환

동아시아 국가들은 1997년 아시아 금융위기 때 국제통화기금(IMF)의 구제금융 지원을 받으면서, IMF가 시행했던 정책조치에 큰 불만을 느꼈다. 여기에 더해 글로벌 금융위기에 대비하려면 역내 국가들의 공조가 필요하다는 인식도 공유하게 되었다. 결국 2000년 5월 타이의 치앙마이에서 개최된 ASEAN+3 재무장관회의를 통해 지역 금융안전망(Regional Financial Safety Nets) 구축에 대한 논의를 본격적으로 시작했다. 이 회의의 합의에 따라 CMI로 통칭되는 양자 간 통화스왑협정(Bilateral Swap Arrangement)이 추진되었다. 이 CMI는 기존 ASEAN 5개국 간의 통화스왑협정[3)]을 ASEAN 10개국과 한국, 중국, 일본을 포함하는 것으로 확대하고 그 규모도 10억 달러로 증액한 것이다. CMI는 동아시아 역내에서 국제수지 적자와 단기 유동성 부족 때문에 어려움을 겪는 국가에 양자 간 통화스왑형태로 단기자금을 지원하는 것을 목적으로 하고 있었다.

2000년 스왑협정 시행 이후, ASEAN+3 회원국은 CMI가 기본적으로 양자 간 통화스왑협정에 기반을 두었기 때문에 여러 가지 한계점을 내포하고 있으며, 유동성 규모도 경제규모에 비해 충분하지 못하다는 사실을 깨달았다. 이에 따라 2005년 터키 이스탄불에서 개최된 ASEAN+3 재무장관회의에서 CMI 체제의 실효성을 높이고 기존의 양자 간 통화스왑협정을 다자화로 변화시키며, 스왑규모도 확대하기로 합의했다. '치앙마이 이니셔티브 다자화(Chiang Mai Initiative Multilateralization: CMIM)' 체제가 확립된 것이다.

그 후 2006년 6월 인도 하이데라바드에서도 다자화의 후속작업으로 CMI 체결을 선언하는 합동서명식을 했다. 이에 따라 양자스왑의 규모가 2005년

3) 타이, 말레이시아, 필리핀, 싱가포르, 인도네시아 5개국은 2억 달러 규모의 ASEAN 스왑협정을 1977년에 체결했으나 아시아 외환위기 당시에 충분한 유동성공급을 지원하지 못했을 뿐만 아시아 외환위기 예방이나 극복에 효력을 발휘하지 못했다. 실제로 이 협정이 발효된 사례는 1979년 인도네시아, 1980년 말레이시아와 타이, 1981년과 1992년 필리핀에 의한 5건으로 모두 외환위기 전 시점이었다.

395억 달러에서 750억 달러로 확대되었다. 또한 스왑협정의 발동절차를 정비했고 집단적 의사결정체제를 도입해 체계적으로 시스템화했다. 위기 발생 즉시 당사국의 요청에 의해 참여국들이 2일 내에 소집되어 1주 내에 합의 또는 2주일 내에 다수결을 거쳐 신속한 자금지원을 결정할 수 있도록 해 다자화의 필수적 요소인 집단의사결정의 신속성을 높일 수 있게 되었다. 또한 2006년 11월 한국 강원도 평창에서 개최된 ASEAN+3 차관회의에서 CMIM 추진을 위한 3단계 로드맵(Roadmap)을 채택했다. 3단계 로드맵의 제1단계에서는 출자방식과 협약문의 법적 형식 등 기본적 사항에 대해 논의했고, 제2단계에서는 의사결정체계, 국가별 출자액 규모, 감시기능의 구체적 체계 등에 대해 연구했으며, 제3단계에서는 치앙마이 이니셔티브의 사무국 설치안 등 세부이행계획에 대한 것을 확정했다. 이에 따라 2007년 5월 일본 도쿄에서 개최된 ASEAN+3 장관회의에서 제1단계 로드맵이 종료되었고 2008년 4월 베트남 다낭에서 총 기금규모, ASEAN 10개국과 한중일의 2 대 8 비율의 부담, 자금지원조건, 역내 감시체계 등에 대한 주요 협의사항이 대체적으로 합의되었다. 여기에 더해 2008년 말 미국의 금융위기가 글로벌 금융위기로 확대되면서 지역 금융안전망의 필요성이 더욱 절실해졌고, 이는 2009년 CMIM을 크게 진전시켰다. 즉, 2009년 2월 타이 푸켓에서 개최된 ASEAN+3 특별재무장관회의에서 CMIM 공동기금의 규모를 800억 달러에서 1,200억 달러로 확대하기로 합의한 것이다. 따라서 제2단계 로드맵에서 아시아통화기금을 조성하기 위해 필요한 1,200억 달러 규모의 기금을 각 국가에 배분하게 되었다. 또 CMIM의 신속한 집행을 위해서 역내 경제 감시체계를 강화하고 독립적인 감시기구를 설립하여 객관적으로 경제 감시활동을 할 수 있도록 하는 데 합의했다.

CMIM의 추진과정에서 가장 쟁점이 된 사항은 한중일 3국의 분담금과 투표권의 비율이었는데, 이는 2009년 5월 인도네시아 발리에서 개최된 제12차 ASEAN+3 재무장관회의에서 타결되었다. 한중일이 2 대 4 대 4의 비율로 부담해 한국이 16%, 중국과 일본이 각각 32%, ASEAN이 20%씩 부담하는 것으로 최종합의가 이루어진 것이다. 이러한 일련의 진전과정을 거쳐 2009년 12월 CMIM의 법률계약서에 대한 서명절차를 완료해 2010년 3월 CMIM 체제가 공식적으로 출범하게 되었다.

CMIM의 협정 내용을 요약하면 〈표 6-1〉과 같다. 의사결정 관련사항은 근본사안과 운영사안으로 구분했다. 근본사안에는 총 규모 및 국가별 분담금 재산정, 회원 가입 및 재가입, 자원지원조건 등이 포함되고 운영사안에는 자금지원, 만기연장, 지불불능 선언 등이 포함되어 있다. 의사결정방식은 유효투표의 3분의 2 다수결로 하되, 만약 해당국의 재무부와 중앙은행의 의견이 불일치할 때는 기권으로 간주하도록 했다. 의사결정구조는 장관급회의와 차관급회의로 구성되어 있다. 장관급회의는 ASEAN+3 13개 회원국 재무장관으로 구성되며 매년 5월 연 1회 개최하고 근본사안을 다루며 만장일치제를 채택하고 있다. 차관급회의는 ASEAN+3 회원국 재무부대표와 홍콩을 포함한 14개 중앙은행 대표로 구성되며 운영사안을 다루고 있다.

자금조성 방안으로 2009년 3월 실무회의에서 약속어음(Promissory Notes) 방식을 채택했다. 이는 분담금 납입으로 외환보유액이 감소하는 것을 막기 위함인데, 회원국은 평상시 자국 분담금을 약속어음으로 발행하고, 위기 시 기발행한 약속어음에 따라 자금을 지원받도록 했다. 이것은 또 회원국의 도덕적 해이를 방지하고 IMF의 체계적 감시기능을 활용하기 위해 IMF 프로그램과 일정 부분 연계해 운영하고 있다. IMF 연계자금은 90일 만기로 최대 7회까지 연장이 가능하고, IMF 비연계자금은 총 기금의 20%를 IMF의 동의 없이 이용할 수 있으며 90일 만기에 최대 3회까지 연장이 가능하다.

〈표 6-1〉 CMIM의 주요 협정 내용

항목	내용
총규모	• 1,200억 달러 규모의 CMIM 약정금액 조성
자금조성 방안	• 약속어음 방식 *각 회원국은 약속어음을 발행하고, 위기 시에 약속어음에 따라 자금을 지원하는 방식
의사결정구조	• 공동의장국: ASEAN 중 1국가와 한중일 중 1국가로 구성 • 장관급회의: 근본사안, 만장일치제 • 차관급회의: 운영사안, 유효투표의 3분의 2 다수결제도
지원조건	• 미국 달러를 스왑통화로 사용 • 만기: 기본 90일, 최대 7회 연장 가능(단, IMF 비연계자금은 최대 3회 연장 가능) *만기가 되면 자금지원국은 요청국에 담보로 제공한 요청국 통화를 돌려주고 요청국은 지원자금인 미국 달러를 이자와 함께 상환 *상환날짜는 각각의 스왑거래별 영업일 차이에 따른 만기불일치문제를 감안해 차관회의 투표일로부터 97일 • 금리: 최초 라이보(Libor)+150베이시스포인트(bp), 만기연장 2회마다 50bp 인상, 300bp 한도 • 연체금리: 연체 4일째부터 연체금액 이자에 200bp 추가, 6개월마다 50bp 인상, 500bp 한도
타국지원 시 탈퇴조항 (escape option)	• 원칙적으로 사유서 제출과 차관급회의 3분의 2 이상 동의할 때 탈퇴행사 가능. 단, 국제수지상 어려움, 외환보유액 부족, 전시 및 준전시, 국내법상 제약 등이 있는 경우 회원국의 동의 없이 탈퇴 가능 • 탈퇴국가는 자금지원 의사결정에 대한 투표권이 없음
자금 동시 요청 시	• 국가별 차입한도에 비례해 할당
IMF 연계	• IMF 연계자금 인출 시: 90일 만기, 최대 7회까지 연장 가능 • IMF 비연계자금 인출 시: 90일 만기, 최대 3회까지 연장 가능
조기상환	• 만기 3일 전 통보 • 당초 이자율과 상환시점의 시장이자율(상환시점 전 2일간 Libor의 평균) 중 낮은 이자율 적용
개정	• 계약 당사자 만장일치로 결정
검토주기	• 5년 원칙, 장관급회의 결정으로 임의 검토 가능
감시기구 설립	• 설립 필요하고 추가적으로 논의예정
홍콩참여	• 홍콩은 ASEAN+3 회원국으로 가입하지 않음 • IMF 비연계자금만큼만 지원받을 수 있음 • 차관급회의 의사결정만 참여가능

자료: 기획재정부.

CMIM에서는 다른 국가지원 시 탈퇴조항을 마련했는데, 이것은 원칙적으로 차관급회의에서 3분의 2 이상의 동의를 얻어야 가능하다. 예외적으로 국제수지 조정의 어려움, 외환보유액 부족, 전시 및 준전시, 국내법상 제약이 있는 경우 회원국의 동의 없이 다른 국가를 지원할 때 탈퇴할 수 있는 옵션을 행사할 수 있다.

위기 시에 CMIM의 기금발동절차는 다음과 같다. 우선 요청국은 공동의장국에 스왑요청서(swap request notice)를 제출해야 한다. 이 요청서가 접수되면 공동의장국은 요청국에서 제출한 최신 거시경제보고서와 아시아 개발은행이나 IMF 등 제3의 기관에서 제출한 보고서를 2일 이내에 지원국에 제공해야 한다. 지원국은 제출된 자료를 바탕으로 자금요청국의 경제상황 및 상환가능성 등을 점검한다. 이 과정에서 차관급 대표들은 자금요청의 지원조건부합 여부, 다른 국가지원 시 탈퇴 옵션행사 유무를 확인하고, 자금지원을 결정한다. 지원국의 자금지원은 차관급대표들의 자금지원결정 후 1주일 이내에 시행되고 자금지원이 부적합하다고 판정될 때는 공동의장국이 요청국에 통보하도록 되어 있다. 자금지원이 이루어지면 만기는 90일이고, 만기가 도래하면 자금지원국은 요청국에 담보를 돌려주고 요청국은 지원자금의 원금과 이자를 상환하게 된다.

이러한 CMIM는 양자협정 방식의 한계점[4]을 극복한, 회원국 간 단일계약에 의한 협정이라 할 수 있다. 이러한 단일계약으로 운영되는 CMIM 기금은 자금지원요청 시 신속한 의사결정을 통해 효과적으로 위기에 대응하는 시스템을 구축했다. 실제로 CMIM 기금 자금요청 후 통상 1주일 이내에 자금지

4) 기존 CMI는 각국이 개별적으로 맺은 양자스왑협정에 의해 운영되기 때문에 위기 시 자금요청국은 양자스왑협정을 맺은 다수 국가들과 일일이 접촉해 자금승인을 받아야 했다. 여기에서 시간을 지나치게 허비할 경우, 지원이 늦어져 상황이 더욱 악화될 수 있었다.

원여부가 결정되며, 이후 곧 인출이 가능하다.

CMIM 기금은 위기 시 긴급유동성 지원을 통해 금융안전망을 구축하는데, 이는 평상시 금융시장이 안정적일 때보다는 위기징후가 포착되었을 때 더 큰 효과를 발휘할 수 있다. 그런데 아시아 외환위기 당시 한국, 인도네시아, 말레이시아, 필리핀, 타이 5개국의 자본유출규모가 1,100억 달러 정도였다는 점을 감안할 때, 현재 총 규모 1,200억 달러인 CMIM 기금만으로는 유동성 지원을 하는 데 충분치 못하다고 평가할 수 있다. 또 CMIM이 실효성 있는 지역 금융협력체제나 금융통합으로 발전하려면, 향후 전 단계에서 개선·보완이 이루어져야 한다. 예컨대 IMF 자금이용에 따른 융자조건과 낙인효과(stigma effect)를 회피하기 위해 총 규모 20%에 해당하는 IMF 비연계자금만 이용할 경우, 적은 규모의 유동성 지원만이 가능해 실효성이 저하될 수 있다. 한국의 경우, IMF 비연계자금만 이용한다면 인출가능액은 약 38억 달러밖에 되지 않는다.

그 후 2012년 5월 3일 필리핀 마닐라에서 개최된 제15차 ASEAN+3 재무장관·총재회의에서 지역 금융안전망 중 하나인 CMIM를 강화하는 것과 다음 네 가지 사항에 대한 합의가 이루어졌다. ① CMIM의 규모를 1,200억 달러에서 2,400억 달러로 확대하고, ② IMF 비연계 비중을 2012년까지 30%로 확대한 뒤 제반 여건이 충족될 경우 2014년에는 40%로 추가확대를 검토하며, ③ 만기와 총 지원기간을 늘리되 IMF 연계 비중의 경우 만기를 현행 90일에서 1년으로, 지원기간을 현행 2년에서 3년으로 늘리며, IMF 비연계 비중의 경우 만기를 현행 90일에서 6개월로, 지원기간을 현행 1년에서 2년으로 확대하고, ④ 위기예방프로그램을 도입하고 이를 'CMIM 예방지원제도(CMIM Precautionary Line)'로 명명한다.

이에 따른 CMIM의 부담금과 인출비율은 〈표 6-2〉와 같다.

〈표 6-2〉 CMIM의 2012년 각 회원국가별 분금액과 인출비율

(단위: 억 달러)

국가	분담액	인출비율
중국[1)]	768.00	0.5
일본	768.00	0.5
한국	384.00	1
인도네시아	91.04	2.5
말레이시아	91.04	2.5
싱가포르	91.04	2.5
타이	91.04	2.5
필리핀	91.04	2.5
베트남	20.00	5
캄보디아	2.40	5
미얀마	1.20	5
라오스	0.60	5
브루나이	0.60	5
합계	2400.00	-

주 1): 중국의 768억 달러에서 홍콩의 분담액이 84억 달러이고 홍콩은 IMF 비회원국가이다. 홍콩의 인출 지원비율은 2.5로 인출상한금액은 63억 달러(84억×2.5×30%)이다.

자료: 제15회 ASEAN+3 재무장관·중앙은행 총재 공동성명(2012년 5월 3일).

CMIM은 출범 이후 금융안전망으로서 어느 정도 역할을 했다. 하지만 이것이 장기적으로도 아시아의 IMF 역할을 수행하는 국제통화협력기구로 발전하는 동시에 항구적인 지역 금융안전망으로서 기능을 발휘하려면, 추가적인 보완이 필요할 것으로 보인다.

2) 아시아 채권시장 발전방안

동아시아에서 '아시아 채권시장 발전방안(Asian Bond Market Initiative)'이

논의된 배경은 다음과 같다. 원래 채권시장이 그리 발달하지 못했던 동아시아 국가들은, 장기투자자금을 조달하기 위해 단기 해외차입과 은행 단기대출 등에 의존해왔다. 그 결과 동아시아 은행예금은 미국이나 유럽 등에 투자되었고, 이러한 투자자금이 글로벌 금융기관을 통해 동아시아에 재투자됨에 따라 동아시아 국가의 금융구조에서 구조적 만기불일치(maturity mismatch)[5] 및 통화불일치(currency mismatch)[6]가 발생하게 되었다. 이러한 구조적 요인은 동아시아 국가들에 닥친 외환위기의 주요 원인이었을 뿐 아니라 금융불안을 가중시키는 원인이기도 했다. 이것은 또한 동아시아의 자금이 실질적으로 역내 경제발전에 제대로 활용되지 못하게 하는 원인이었다.

이러한 상황에 처한 ASEAN+3국가는 금융위기의 재발방지를 위해 아시아 역내 채권시장의 육성이 필요하다는 것을 인식했고, 2002년 11월 일본 도쿄에서 개최된 ASEAN+3 재무차관회의에서 아시아 채권시장 발전방안에 대한 논의를 역내 금융협력의 주요 과제로 추진하기로 했다. 이어서 2003년 8월 필리핀 마닐라에서 개최된 ASEAN+3 장관회의에서는 아시아 채권시장 발전방안을 협력 사업으로 채택하고, 4개의 실무 작업그룹(Working group)과 2개의 지원그룹(ASTFG, TACT)을 운영하기로 했다. 2004년 5월 온라인 아시아 채권(Asian Bond Online) 사이트가 아시아 개발은행에서 운영되었다. 2005년 4월 ASEAN+3 재무장관회의에서는 아시아 채권시장 발전방안 로드맵을 설정했다. 아시아 채권시장이 개념으로만 존재하고 실체화하지 못한 상황에서, 한국은 2004년 11월 아시아 채권표준(Asia Bond Standard)[7]

5) 외화자산과 외화부채 간의 만기불일치를 의미한다. 위기 시 단기외채의 만기연장이 어려워지면 외화유동성위험이 커지게 된다.

6) 외화표시자산과 외화표시부채 간의 차이를 의미한다. 아시아 신흥국에서 문제가 되는 것은 외화표시부채가 외화표시자산보다 많은 경우로, 이때 외화부채의 상환불능위험으로 인해 외환시장은 경제적 충격에 취약해지게 된다.

에 대한 연구의 필요성을 제안했고 이는 연구주제로 채택되었다. 또 채권시장 발전을 위한 정보를 수집·통합 운영할 수 있는 체제도 도입하기로 했다.

온라인 아시아 채권시장 개설 이후 2004년 6월 타이에서 아시아 다국적 회사가 발행한 채권에 대해 일본국제협력은행(Japan Bank for International Cooperation)이 신용보증을 제공했다. 뒤를 이어 한국과 일본은 'Pan-Asian Bonds'라는 국제 채권담보부 증권(Cross-country Primary Collateralized Bond Obligations)을 발행했고, 2004년 12월 말레이시아에서는 아시아 개발은행과 세계은행의 국제금융공사(IFC)가 링깃(ringgit) 표시 채권을 발행했다.

그런데 실제 국제금융공사 등의 기구는 아시아 외환위기 이후 리스크 관리 차원에서 아시아 국가에 대한 신용보증서비스를 기피했고, 이로 인해 투자적격 채권이 부족해지면서 아시아 채권시장 발전에 제동이 걸렸다. 이러한 장애요인을 극복하고 투자자의 장기투자를 유도하고자 2006년 4월 한중일 차관회의에서 역내 신용보증투자기구(Credit Guarantee Investment Mechanism)에 대한 논의가 이루어졌다. 또한 2006년 10월에 아시아 채권시장 발전방안의 실무 작업그룹에서도 신용보증투자기구의 설립을 논의했고, 아시아 개발은행에서는 역내 예탁결제기구(Regional Settlement Intermediary) 설립에 관한 연구를 수행했다. 이 연구는 역내 투자자가 해외증권 거래 시 유럽의 예탁결제기관을 이용하고 있어, 업무를 처리할 때 시차 때문에 증권과 대금의 동시결제가 사실상 불가능하다는 점에서 비롯되었다. 당시 연구에서는, 아시아에 별도의 예탁결제기구를 구축하기에는 아직 여건이 성숙되지 않았기 때문에 국가별 제도개선에 주력해야 한다는 결론이 나왔다.

그 이후 역내 통화바구니채권(Regional Basket Currency Bond), 아시아 채

7) 채권에 대한 발행절차, 서류, 예탁, 결제, 공시, 원천징수, 시장관행조정 등을 의미한다.

〈표 6-3〉 아시아 채권시장 발전방안의 신 로드맵(2008년)

태스크포스 1: 역내 현지통화표시 채권발행촉진(공동의장국: 중국, 타이)
1. 신용보증과 투자기구
2. 아시아 역내 표시통화 프로그램(Asian Note Program) 촉진
3. 구조화된 금융상품 발행(Issuance of structured finance instruments) 촉진
1) 인프라에 관련 채권
2) 증권화 상품(Securitized instruments)
3) 지역통화바구니 채권(Regional Basket Currency Bond)
4. 파생과 스왑시장의 발전
5. 지역 증권 인수자(Underwriters)의 촉진
태스크포스 2: 역내 현지통화표시 채권에 대한 수요촉진(공동의장국: 일본, 싱가포르)
1. 기관투자가의 투자환경 정비
2. 개인투자가의 투자환경 정비
3. 환매조건부채권(Repo)과 증권대차(Securities Borrowing and Lending)시장의 발전
4. 국경 간 거래의 강화
1) 자본이동과 외환거래에 대한 규제
2) 비거주자에 대한 세제
5. ASEAN+3 회원국가를 위한 홍보활동
태스크포스 3: 규제체제의 개선(공동의장국: 일본, 말레이시아)
1. 채권시장에 대한 규제와 감독 강화
1) 증권규제에 대한 증권위원회 국제기구(IOSCO)[1]의 원칙 적용촉진
2) 채권발행, 상장, 공시규제에 대한 투명한 법규와 규범 형성 촉진
3) 규제자와 감독자에 대한 역량구축
2. 증권 중개협회와 자율 규제기관 간의 상호협력
1) 역내 증권 중개협회와 자율 규제기관과 규제자와 감독자의 상호 간 협력 촉진
2) 아시아 채권표준(ABS)에 관련된 건설적인 표준과 관행 촉진
3. 국제기준에 부합하는 회계와 감독기준 적용 촉진
태스크포스 4: 채권시장 인프라 개선(공동의장국: 한국, 필리핀)
1. 증권결제에 대한 인프라
1) CPSS/IOSCO에서 제의한 결제적용 촉진
2) 민간부문 참여자에 대한 논의 촉진
2. 채권시장 유동성 증대
1) 정부채권에 대한 우대딜러제도 전파와 채택강화
2) 벤치마크 수익률곡선(benchmark yield curve) 유지와 발전
3) 거래 플랫폼(platform)개선
4) 채권유통시장에 대한 정보전파제도 강화와 발전
3. 신용문화 육성
1) 현지통화표시 채권시장에 관련된 기존 자료의 개발과 평가
2) 신용위험 데이터베이스 개발
3) 현지 신용평가기관의 탁월성과 신뢰성 강화
4. 금융분석사(financial analysts)와 같은 전문 서비스 개발

주 1): IOSCO의 원칙과 기준.
자료: ASEAN+3 New ABMI Roadmap.

권인프라 , 아시아 중기채권(Medium-Term Note), 아시아 채권표준, 예탁결제기구 등에 대한 연구가 이루어졌다.

2008년 5월 ASEAN+3 재무장관회의에서는 아시아 채권시장 발전방안을 한층 체계적이고 효율적으로 추진하기 위한 신 로드맵(New ABMI Roadmap)을 채택했다. 이 로드맵은 하나의 운영그룹(Steering Group)과 4개의 태스크포스(Task Force), 그리고 작업반(Ad-hoc Working Team)으로 구성되었다. 이 로드맵에 따른 태스크포스의 주요 내용과 공동의장국의 목록은 〈표 6-3〉과 같다.

한편 2009년 5월 이후 신용보증투자기구에 대한 논의가 진전되면서 2009년 11월 한국 부산에서 개최된 ASEAN+3 재무차관회의에서는 신용보증투자기구의 명칭을 CGIF(Credit Guarantee Investment Facility)로 변경하기로 하고 이 기구의 형태는 아시아 개발은행 산하의 펀드로 설정하기로 했다. 그 자금의 규모는 7억 달러인데, 그중 중국과 일본은 각각 2억 달러를, 한국은 1억 달러를, ASEAN은 0.7억 달러를, 마지막으로 아시아 개발은행에서 1.3억 달러를 납입하기로 하고 이사회는 8명의 이사로 구성하되 자본 납입국가가 지명하는 7명과 1명의 최고경영자로 구성하기로 했다.

현재 아시아 채권시장 발전방안의 로드맵은 당초 계획보다 천천히 진행되고 있으나, 아시아 지역 채권시장 발전에 대한 연구와 논의는 지금도 계속되고 있다. 즉, 아시아 채권시장에서의 국가 간 거래를 위한 아시아 채권표준에 대한 연구와 논의가 진행되고 있으며, 태스크포스 3에서는 ASEAN+3 채권시장 포럼을 개최해 역내 자율 규제기관을 포함하는 규제와 감독에 대한 논의가 이루어지고 있다. 태스크포스 4에서는 채권시장 인프라를 개선하기 위해 민간전문가(Group of Experts)들과 아시아 역내 결제기관(Regional Settlement Intermediary)의 구축방안에 대한 연구를 하고 있다.

국가 간 투자와 결제(cross-border investment and settlement)에 대한 장애요인으로는 규제로 인한 것과 결제로 인한 것이 있다.

우선 규제(regulatory)로 인한 장애요인은 ① 해외투자자 쿼터, ② 해외투자자 등록, ③ 통화교환 규제, ④ 현금 신용잔고 당좌대월(overdrafts) 통제, ⑤ 과세, ⑥ 총괄계정(omnibus accounts), ⑦ 규제 형식(regulatory framework), ⑧ 법규(legal framework) 등이 있다. 한편 결제(settlement)로 인한 장애요인은 ① 메시지 기준(message standard), ② 증권 번호부여(securities numbering), ③ 결제 주기(settlement cycle), ④ 실물 증명(physical certificates) 등이 있다.

이러한 상황에서 2012년 5월 개최된 ASEAN+3 재무장관·중앙은행 총재회의에서 더욱더 효율적으로 역내 현지통화표시 채권시장이 발전할 수 있는 '신 로드맵 플러스(New Road map+)'를 채택해 기존 로드맵을 수정·보안하고 9개의 우선순위과제를 선정했다. 신 로드맵 플러스의 추진 내용은 〈표 6-4〉와 같으며, 9개 우선순위과제는 다음과 같다.

① 역내 신용보증투자기구를 통한 신용보증 개시
② 역내 인프라 자금조달 발전(예: 라오스-타이 인프라 채권발행)
③ 기관투자자 투자환경조성 및 아시아 채권시장 발전방안 정보 공유
④ ASEAN+3 채권시장 포럼(ABMF) 활동 강화
⑤ 역내 증권결제기구(RSI) 설립 가속화
⑥ 국채시장 심화발전
⑦ 소비자 및 중소기업 자금조달의 용이성 제고
⑧ 역내 신용평가 시스템 강화
⑨ 금융이해도 제고

〈표 6-4〉 신 로드맵 플러스

구분	핵심과제	추진 내용	공동의장국
태스크 포스 1	현지통화표시 채권발행 확대	• 신용보증투자기구 업무 개시 • 인프라 자금조달계획 육성(라오스 · 타이 시험 프로젝트 포함) • 파생과 스왑시장 정비	중국, 타이
태스크 포스 2	현지통화표시 채권수요 촉진	• 국채시장의 개발을 통한 발전(Repo시장과 증권 대차시장 정비) • 기관투자가를 위한 투자 친화적 환경 육성과 아시아 채권시장 발전방안 지식공유 • 국가 간(cross-border) 거래 촉진	일본, 싱가포르
태스크 포스 3	규제제도 개선	• 채권시장 포럼(ABMF) 활동 강화-공동 채권 발행 프로그램 • 소비자와 중소기업에 금융접근 강화 • 채권거래에 관련된 파산절차 개선	말레이시아, 일본
태스크 포스 4	채권시장 인프라 개선	• 역내 결제기관(RSI) 설립 촉진 • 지역 신용평가제도에 대한 기초강화 • 금융지식교육 향상	한국, 필리핀
TACT	기술지원과 협력조정	• ASEAN회원국에게 기술적 지원을 촉진하고 채권시장 육성능력 강화 촉진	브루나이, 라오스, 베트남

자료: 제15차 ASEAN+3 재무장관·중앙은행 총재회의 공동성명(2012년 5월 3일).

이처럼 ASEAN+3 회원국의 협력과 각 국가의 금융시장 발전에 대한 다양한 정책으로 아시아 채권시장은 외형적·내면적으로 많이 발전하고 있다.

아시아 채권시장은 아시아 채권시장 발전방안과 별도로 글로벌 금융위기 이후 글로벌 금융시장의 불확실성에도 건실하게 성장해왔다. 신흥 동아시아 현지통화(local currency)표시 채권시장의 채권발행 잔액은 2012년 3월 말 현재 5.8조 달러에 달하고 있는데, 〈표 6-5〉에서 볼 수 있는 바와 같이 아시아 외환위기 전 1996년의 채권발행 잔액에 비하면 11.1배에 이르고 세계 전체의 채권시장에서 차지하는 비율도 1996년의 2.1%에서 2012년 8.6%로 높아졌다. 이러한 신흥 동아시아 채권시장의 성장은 국채와 회사채 부문의 성장에 기인한다.

〈표 6-5〉 신흥 동아시아와 주요 채권시장 채권발행 잔액

국가	2012년 3월 말		1996년	
	채권발행 잔액 (십억 달러)	세계채권시장에서 비중(%)	채권발행자액 (십억 달러)	세계채권시장에서 비중(%)
신흥 동아시아	5,886	8.6	528	2.1
중국	3,448	5.1	62	0.2
한국	1,290	1.9	283	1.1
인도네시아	111	0.2	7	0.0
말레이시아	298	0.4	71	0.3
필리핀	87	0.1	28	0.1
싱가포르	211	0.3	25	0.1
타이	250	0.4	18	0.1
베트남	20	0.03	-	-
미국	26,391	38.7	10,926	42.9
일본	11,897	17.4	4,456	17.5
프랑스	3,574	5.2	1,261	4.9
독일	2,621	3.8	1,888	7.4
영국	1,823	2.7	678	2.7

자료: ADB, Asia Bond Monitor, November, 2012.

〈표 6-6〉 GDP 대비 동아시아 채권발행 잔액

(단위: %)

국가	2000년 말			2011년 말		
	국채	회사채*	소계	국채	회사채*	소계
중국	16.6	0.3	16.9	33.9	11.4	45.3
홍콩	8.2	27.6	35.8	37.1	31.9	69.0
인도네시아	35.4	1.4	36.8	11.4	2.0	13.4
일본	84.3	25.4	109.7	175.4	17.5	192.8
한국	25.7	48.8	74.4	47.5	67.0	114.5
말레이시아	38.0	35.2	73.3	56.6	38.0	94.6
필리핀	31.1	0.2	31.3	30.3	4.5	34.8
싱가포르	26.6	20.9	47.5	47.0	28.2	75.1
타이	22.8	4.5	27.4	54.5	13.0	67.5
베트남	0.3	0.0	0.3	12.7	1.7	14.4

주*: 회사채는 일반기업과 금융기관, 정부투자기관을 포함.
자료: Asian Bonds Online.

한편 채권발행 잔액의 국내총생산(GDP) 대비 비중을 살펴보면, 〈표 6-6〉에서 볼 수 있는 바와 같이 국채의 비중은 감소한 반면, 회사채 비중은 상대적으로 증가하고 있다. 최근까지 국채시장이 가장 빨리 성장한 국가는 말레이시아, 싱가포르, 중국, 타이였다. 글로벌 경제침체로 다소 주춤하기는 했으나 중국이 여전히 국채시장을 주도하고 있으며, 최근에는 국채발행을 통해 재정적자를 축소하려는 베트남과 말레이시아의 채권발행도 늘었다. 또한 자국 채권시장에 유동성을 공급하기 위한 목적으로 국채를 발행한 싱가포르의 국채발행 잔액이 증가했다. 동아시아 국가의 국채에 대한 외국투자가 높은 투자수익률과 이자율 차이, 통화가치 상승에 대한 기대로 꾸준히 늘어나는 추세이다.

동아시아의 회사채시장의 규모도 확대되고 있는데, 이는 자금조달을 위한 기업들의 채권발행이 증가하고 각 국가에서 채권시장 경쟁력 강화를 위한 정책을 시행한 결과이다. 회사채시장의 성장속도가 빠른 국가는 싱가포르, 중국, 타이, 필리핀, 한국이다. 중국의 회사채시장은 빠르게 성장하며 한국을 제치고 동아시아 지역에서 최대 규모의 시장이 되었다. 또한 싱가포르 정부는 채권시장 육성의 일환으로 회사채시장을 발전시켜 국내외 투자자들의 금융시장 참여를 촉진하려 하고 있다. 이와 같이 동아시아 채권시장은 미국 경기둔화와 재정절벽, 유럽 재정위기 확산에 대한 우려로 외국자금이 대거 유출되는 등의 금융불안요인을 안고 있지만, 상대적으로 건실한 성장과 수익률로 인해 자금 순유입이 되고 있다.

3) 경제동향 및 정책대화에서 AMRO로의 전환

2000년 5월 ASEAN+3 재무장관회의에서 경제의 불규칙성과 취약성을 조기에 감지해 금융위기 재발 조짐에 신속하게 대응할 목적으로 '경제동향 및 정책대화(Economic Review and Policy Dialogue)'라는 역내 경제 감시와 조기 경보시스템을 운영하기로 했다. 그런데 경제동향 및 정책대화는 재무차관과 중앙은행 부총재가 ASEAN+3 재무장관회의와 재무차관회의에서 모여 각국이 제출한 경제보고서를 통해 역내 경제상황을 점검하고 대응책을 논의하는 회의로, 회원국 경제상황에 대한 정보를 수집·공유하며 서로 의견을 나누고 금융·통화·재정 등 공동 현안에 대한 협력을 추구하는 형태를 취하고 있다. 따라서 감시나 조기 경보시스템과는 다른 성격으로 운영되었기 때문에 2005년 5월 ASEAN+3 재무장관회의에서 경제동향 및 정책대화를 CMI 체제와 통합했다.

이후 CMI의 감시체제로서 경제동향 및 정책대화의 기능을 강화하고 CMI 다자화 방안을 모색하기 위해 역내 경제·금융에 대한 공동감시체제가 구축되었다. 2006년 경제동향 및 정책대화의 기능 보강과 실무지원을 위해 전문가그룹 및 역내 경제·금융을 모니터링하는 실무그룹(Economic and Technical monitoring Working Group)이 구성되었다. 이 실무그룹은 위기 조기 경보체제(Early Warning System)를 개발해 회원국들이 이용할 수 있게끔 했으며, 경제 모니터링에 대한 지원도 맡았다.

그런데 경제동향 및 정책대화에는 여전히 문제점이 있었다. 일반적으로 지역 경제 감시체계는 역내 경제동향의 토론을 통한 정보공유(information sharing), 회원국 간의 상호평가(peer review and peer pressure), 그리고 실사(due diligence)의 기능을 갖추어야 하는데, 경제동향 및 정책대화 경우 정보공유 및 낮은 수준의 상호평가·정책대화 정도만이 이루어질 뿐 회원국에게 권고사항의 이행이나 실사를 요구할 수 있는 권한이 주어지지는 않았던 것이다. 결국 이를 대체할 효율적인 감시기구가 필요해졌고, 2008년 CMIM의 추진과정에서 독립적인 역내 감시기구를 설치하기로 합의했다. 그에 따라 2011년 5월 싱가포르에 거시경제 연구소인 AMRO(ASEAN Macroeconomic Research Office)가 설립되었다. 이것은 ASEAN+3 회원국의 거시경제동향을 감시하고 분석하는 한편, 역내 국가들의 자금지원에 대한 의사결정에 도움을 주기 위해 설립된 기구이다. CMIM의 기금처럼 이 기구에 소요되는 비용은 한중일 3국이 80%를 분담하기로 했으며, 그중 한국은 ARMO 운영에 소요되는 비용의 16%를 부담하고 있다.

그런데 이 ARMO 역시 동아시아 지역 거시경제동향을 파악하는 데 중점을 두고 있기 때문에 감독기능을 제대로 수행하지 못하고 있다. 구체적으로는 국경을 넘는 금융업무에 대한 감독기능의 부재, 역내 미시 건전성 및 거시 건전성 감독 부실, 역내 감독기구의 공동결정 이행을 위한 수단 결여, 역내 회원국에 대한 감독기준 및 감시기준의 미비와 제재수단의 부재 등의 문제를 겪고 있는 상황이다. 1997년과 2008년 두 차례의 금융위기를 거친 동아시아는 경상수지, 자본수지, 환율 등을 다루는 거시 건전성 감독이 특히 필요한데, 이러한 기능이 부실한 것은 매우 치명적이다.

4) 통화의 국제화

(1) 일본 엔화의 국제화

일본은 1980년대 금융시장 개방과 함께 대규모 무역흑자를 바탕으로 엔화의 국제화를 시작했다. 이 당시 미국은 재정적자와 무역적자 폭의 확대로 인한 대외채무 급증에 대처하기 위해, 경제대국으로 성장한 일본에게 금융시장 개방과 함께 엔화의 국제화를 요구했다. 하지만 일본은 자국 내 금융정책의 혼란을 우려해 미온적으로 대응했고, 그 결과 엔화의 국제화는 큰 성과를 내지 못했다. 그런데 1985년 플라자 합의 이후 발생한 엔고 현상과 1990년대 초 일본의 부동산 붐 이후 발생한 부동산 폭락 및 경기침체로 소위 '잃어버린 10년'이 찾아왔고, 이때 일본에서는 1%대의 장기 저성장과 경기침체, 재정적자가 지속되었다. 1996년 일시적으로 2.61%의 성장을 기록하며 경기가 회복되는 듯했지만, 1997년 금융기관들의 도산과 구조조정 등으로 금융위기를 경험하게 되었다. 대내적으로 디플레이션 심화와 저성장, 대외적으로 — 엔화의 절상으로 엔의 가치가 높았음에도 — 경상수지와 자본수지 흑자폭의 확대라는 여건에 놓여 있었던 일본은, 아시아 외환위기를 계기로 역내 금융협력 차원에서 엔화의 국제화를 추진했다. 물론 20년 이상 이어졌던 장기침체로 일본의 신뢰도가 저하되었고, 이로써 엔화의 국제화는 답보 상태이지만, 그럼에도 엔화는 미국 달러와 유럽연합(EU) 유로화 다음가는 국제통화로서 기능하고 있다. 일반적으로 통화국제화를 위해서는 경

〈표 6-7〉 2010년 국제통화의 통화별 기본요건 비교

	전 세계 GDP비중[1]	물가 상승률	환율 변화율[2]	금융발달 정도[3]	금융 개방도[4]	전 세계 외환거래 비중[5]	국제채권 발행[6]	세계 외환 보유고 비중
미국 달러	24.23	1.63	-0.91	422.89	10.32	84.9	10,499.2	61.4
EU 유로	21.40	1.58	3.57	326.68	17.41	39.1	11,790.8	26.3
일본 엔	8.70	-0.99	-10.18	469.50	27.19	19.0	762.0	4.0
영국 파운드	4.60	3.30	2.58	336.48	23.58	12.9	2,071.7	3.8

주 1): 2009년 전 세계 명목GDP 대비.
주 2): SDR 대비 각 통화의 연초 대비 연말 변화율.
주 3): 2009년 명목GDP 대비 금융자산 비율.
주 4): 2009년 명목GDP 대비 자본유출입 총량.
주 5): 전 세계 일평균 외환거래 대비 200%기준.
주 6): 단위: 십억 달러.
자료: IMF World Development Indicator(2011), BIS Quarterly Review(2011) Bloomberg database.

제규모, 물가상승률, 환율변동성, 경상수지 흑자규모, 무역 및 해외투자 구조, 금융시장의 발달 및 개방화 정도, 외환투기 가능성 및 이에 대한 감독기능 등 다양한 요건들을 점검해야 한다. 일본은 경기부양을 위해 1998년부터 2007년까지 열 차례에 걸쳐 제로금리정책을 통한 양적 완화를 추진했다. 2008년 글로벌 금융위기 이후 이러한 기준을 평가한 〈표 6-7〉을 보면 일본 엔화는 달러, 유로화 다음가는 국제통화로서의 위상을 차지하고 있다. 하지만 미국 의존 무역구조, 미국 달러화 중심의 외환거래구조, 아시아 역내 공동금융시장의 미성숙으로 아시아 지역에서 엔화의 국제화는 한계가 있다.

(2) 중국 위안화의 국제화

위안화의 국제화는 비거주자 간의 위안화 거래, 위안화 표시 금융자산의 해외 발행 및 대외거래 등을 통해 위안화 사용비중을 확대하면서 이루어지고 있다. 또한 위안화 국제화를 위한 외환시장과 자본시장 규제완화, 개방정책으로 야기된 외환시장 개혁 및 관련 법·규정의 개정을 통해서도 이루어지고 있다. 2001년 중국은 세계무역기구(WTO) 가입을 계기로 환율제도의 점진적 개정을 통해 위안화 기준환율의 상정방식에 시장메커니즘을 반영했다. 그리고 일정 자격요건을 갖춘 금융회사나 기업들에 대해 외환거래를 허용하기도 했다.

중국인민은행은 2005년 7월 위안화 환율제도 개혁을 실시했다. 중국은 아시아 외환위기 이후 사실상 미국 달러 연계제도(peg system)를 운영했는데, 이 당시 미국 달러화 대비 2% 정도 평가절상이 이루어졌다. 그 후 2007년 외환시장 기반시설확충을 위해 위안화 외환 현물·선물·스왑거래와 외환거래가 일원화되는 외환시스템을 구축했다. 그리고 은행 간 외환시장에서 위안화와 미국 달러, 유로화, 엔화, 홍콩 달러, 영국 파운드 등과 통화스왑거래를 했다. 2008년에 중국은 톈진에서 위안화 역외 거래시장 개설 계획을 발표했으며, 인민은행은 외환정책국을 새로 설치해 위안화 자유태환 및 외환제도 개혁을 추진하고 있다. 2010년 환율제도 개혁에서 시장메커니즘과 복수바구니를 반영하고 위안화 대비 주요 통화의 일평균 변동폭을 1,000분의 5 이내로 유지하는 관리변동환율제를 시행했다.

한편 위안화 사용 확대를 위해 중국은 3단계에 걸친 지리적 확대를 추진하고 있다. 제1단계는 홍콩·마카오·타이완을 포함하는 중화권 지역에서, 제2단계는 ASEAN 지역에서, 제3단계는 전 세계에 걸쳐서 위안화를 통용시키려는 계획이다. 이러한 위안화의 국제화는 우선 중화권 지역의 무역거래에서 오가는 통화 중 위안화의 비중을 키우고, 이를 동남아시아 지역으로 확대해 마찬가지로 지역통화에서 차지하는 역할을 증대한 후, 최종적으로는 미국 달러나 유로화 같은 기축통화의 지위를 확보하는 것을 목표로 하고 있다.

그러나 현실적으로 2010년 말 2조 8,473억 달러의 외환보유액을 기록했음에도 전 세계 외환보유액의 62.8%를 점하고 있는 미국 달러화에 비해 위안화는 2012년 기준 스위스 프랑보다 못한 1% 미만으로 아주 미미한 비중을 차지하고 있을 뿐이다. 이는 위안화의 해외유동성기반이 미흡한 데 따른 것이다. 즉, 중국 정부의 과도한 자본통제[8], 선진화되지 못한 소규모 외환시장, 낮은 수준의 금융 및 자본시장 성숙도, 금융시장의 투명성 부족, 잠재적인 정치적 불안정 등이 위안화의 국제화 진전에 걸림돌로 작용하고 있다.

8) 중국은 국제자본의 대량유출입을 우려해 위안화의 자유로운 환전을 허용하지 않고 투자액에 대한 환전액에 제한을 두고 있다. 그 결과 중국에 진출한 기업들의 위안화 사용액은 그리 많지 않다.

5) 각 국가 간 통화스왑협정

아시아 국가들은 국제유동성을 확보하기위해 각 국가 상호 간에 통화스왑계약을 체결하고 있다. 중국은 세계 제1위 규모의 외환보유고를 유지하면서 2008년부터 유동성 부족으로 외환위험이 있는 국가들과 위안화 통화스왑을 체결해왔다. 〈표 6-8〉에서 위안화 통화스왑 체결현황을 보면 동아시아 국가는 한국, 말레이시아, 인도네시아, 홍콩, 싱가포르이다.

통화스왑에 관한 논의는 2000년 5월에 개최된 ASEAN+3 재무장관회의에서 CMI를 출범시키며 실현되었다. 1997년 아시아 외환위기 이후 개별 국가 차원으로는 위기 상황에 대처하는 데 한계가 있다는 인식에 따라 역내 국가

〈표 6-8〉 위안화 통화스왑 체결현황

스왑 대상국	스왑 규모	협정 체결 시기
한국[1)]	1,800	2008년 12월 12일
홍콩[2)]	2,000	2008년 12월 19일
말레이시아	800	2009년 2월 8일
인도네시아	1,000	2009년 3월 23일
싱가포르	1,500	2010년 7월 23일
벨라루스	200	2009년 3월 11일
아이슬란드	35	2010년 6월 10일
우즈베키스탄	7	2011년 4월 19일
카자흐스탄	75	2011년 6월 13일
아르헨티나	700	2009년 3월 30일
뉴질랜드	250	2011년 4월 19일

주 1): 한국은 2011년 10월 3,600억 위안규모로 2014년까지 확대하기로 했고 양측이 동의하면 기간을 연장할 수 있도록 했다.
주 2): 홍콩은 2011년 4,000억 위안규모로 2014년까지 확대하기로 했고 양측이 동의하면 기간을 연장할 수 있도록 했다.

들이 공동으로 대응할 필요성을 절감하면서 나온 결과였다. 이에 따라 한국과 일본은 2001년 7월 통화스왑를 시작한 뒤 꾸준히 그 규모를 늘렸다. 통화스왑은 일본의 입장에서도 필요했다. 엔화 절상 압력을 완화하고, 엔화의 국제 위상을 높이는 카드로 활용되기 때문이다.

한일 양국은 2010년 유럽 재정위기가 심해지자 기존 130억 달러 규모였던 통화스왑을 700억 달러로 확대했다. 그리고 기한은 일단 1년으로 하되, 추후 연장하기로 했다. 이 당시 우호적이었던 양국 관계 덕분에 나온 조치였다. 2008년 글로벌 금융위기 직후에도 양국은 통화스왑을 300억 달러로 일시 증액했었다. 이와 같이 한국은 금융위기에 대응해 미국, 중국, 일본 등과 통화스왑을 체결해 국제유동위기를 극복할 수 있었다.

그런데 2012년 8월에 예정되었던 한일 간 700억 달러 규모의 통화스왑 재협상은 독도 영토분쟁으로 진행되지 못했고, 일본의 한국 국채매입계획에도 차질이 발생했다. 동아시아 지역 전체로 봤을 때도 한중일, ASEAN 간의 다양한 통화스왑이 체결되지 못했기 때문에 이를 통한 동아시아 금융안전망을 구축하는 데 한계가 있다.

6) 아시아통화단위 또는 지역통화바구니

아시아 개발은행은 유럽통화제도(European Monetary System)가 통화통합의 선행 단계로 채택했던 유럽통화단위(European Currency Unit)를 본뜬 '아시아통화단위(Asian Currency Unit)'의 개발을 계획했다. 이후 이를 위한 실무 작업이 진행되면서 2006년 3월에 도입이 예정되었으나, 최근까지 지연되고 있다.

아시아 개발은행에서 추진하고 있는 아시아통화단위 도입의 주요 목적은 다음과 같다. 첫째, 아시아 지역 역내 국가 간 교역을 촉진하고 경제 및 금융의 유대관계를 한층 강화시킨다. 둘째, 아시아의 복수통화 채권시장과 자본시장의 발전을 촉진시키면서 아시아 통화의 대외충격에 대한 노출을 줄이는 데 기여한다. 셋째, 아시아 통화의 환율변동 요인과 변동폭을 더 용이하게 파악함으로써 각 국가금융당국에서 환율변동을 상호 감시하는 데 도움을 준다. 넷째, 아시아통화단위 표시 채권을 발행하고 이를 무역거래에 적극적으로 사용함으로써 아시아 공동통화의 형성을 용이하게 한다.

사실 아시아통화단위는 실제 유통되지 않는 일종의 개념상의 통화로서, 아시아 국가들의 통화가치를 각국의 GDP, 교역규모, 자본개방도 등으로 가중평균해 산출하고 있다. 하지만 실제 가중치 계산 방법과 통화바구니에 포함되는 통화에 대한 부분이 명확하지 않다(현재까지는 ASEAN 또는 ASEAN+3 국가 통화가 바구니에 포함되는 안이 유력). 또한 아시아 개발은행은 가중치 산정에 포함되는 항목과 국가별 가중치 배분에 관한 다양한 견해와 이견을 조율할 능력도 부족한 실정이다. 타이완, 홍콩, 호주, 뉴질랜드, 인도 등의 통화 포함 여부에 대한 국가들 간 의견이 상충되고 있고 아시아통화단위 도입 주도권 확보를 위한 중국과 일본 간의 경쟁도 치열한 상태이다. 정치경제적인 관점에서 아시아 지역 내의 영향력 약화를 우려하는 미국의 견제를 비롯해 여러 가지 장애요인으로 아시아통화단위 도입은 지연되고 있다.

그 밖에 유럽의 유럽통화제도처럼 아시아통화제도(Asian Monetary System)를 설치해 단일통화를 도입할 필요가 있다는 주장도 있다. 또 유로를 단일통화로 채택한 EU와 마찬가지로 아시아 지역에 단일통화나 '지역통화바구니(Regional Currency Basket)'를 구성하고 공동통화정책을 실시하기 위한 아시아통화동맹(Asian Monetary Union)을 도입하자는 주장도 있었다. 유럽의 경우 유럽통화제도 운용과정에서 나타난 이자율, 인플레이션 등 거시경제지표의 안정화 수렴 경험이 단일통화 도입에 매우 중요한 역할을 했다는 근거에서였다.

7) 아시아통화기금

아시아 외환위기 이후 아시아 국가들은 IMF를 비롯한 기존 국제금융체제가 위기를 해결하는 데 미흡했다고 평가했다. 결국 자체적인 금융시스템의 강화를 통해 외환위기 재발을 방지하자는 의견 교환이 이루어졌고, 이것의 일환으로 1997년 일본은 아시아 지역에 지역 금융통화기금을 설치하자고 제안했다. 아시아 역내 국가들의 외화유동성 부족에 대비하기 위해 총 1,000억 달러 규모의 아시아통화기금을 설치하자는 제안이었다. 구체적으로 총 소요자금 중에서 일본이 50%인 500억 달러를 출연하고 나머지는 한국, 중국, ASEAN 회원국들이 부담하는 조건이었다.

그러나 일본의 아시아통화기금 설치 시도는 미국과 IMF 및 일부 아시아 국가들의 반대로 실패했다. 미국과 IMF는 기존 IMF의 역할과 기능이 크게 약화될 수 있고 구제금융 제공시 부과되는 이행조건의 요구가 어려워질 수 있다며 거부했다. 다른 아시아 국가들은 일본 엔화의 국제화가 강화되고 아시아 지역에서 일본의 경제적 영향력이 확고해질 것이라는 우려로 반대했다. 그 대신 아시아 국가들은 유동성 위기에 빠진 역내 국가들의 신속한 구제를 위한 역내 감시기능의 도입, 역내 국가들의 금융제도 및 금융감독기능의 강화를 위한 경제적·기술적 협력증진, 금융위기 국가에 대한 IMF의 긴급금융 지원제도 강화방안 마련, IMF의 재원을 보충하기 위한 협조융자계약 체결 논의 등을 주요 내용으로 하는 마닐라 기본합의서(Manila Framework)를 채택했다. 그 후 이 합의서는 CMI로 발전했으며, 이것이 다시 CMIM로 이어진 후에는 그 이상의 진전이 없는 상태이다.

8) 기타

(1) 아시아 개발은행

아시아 개발은행은 1966년 아시아와 태평양 지역의 경제협력과 경제발전을 도모하기 위해 창설된 지역 금융기관으로, 세계은행을 본떠 회원출자 납입자본금(member's capital subscription)에 따른 가중투표제도로 운영되고 있다. 창설 당시 31개였던 회원국이 현재 67개국으로 늘어났으며, 그중 역내 지역 국가가 48개국, 역외 국가가 19개국이다. 회원국의 투표권은 일본과 미국이 각각 12.756%, 중국 6.429%, 인도 6.317%로 전체 투표권에서 각각 공동 1위와 3위, 4위를 차지하고 있고, 한국은 4.44%로 8위이다.

아시아 개발은행의 주요 업무는 지역 내 개발투자 촉진, 역내 개발을 위한 투자, 역내 개발에 관한 정책 및 계획조정, 기술원조 공여, 국제기관과의 협력이다. 여기에 더해 경제개발을 위한 각종 자금을 융자하거나 직접 투자하는 등 개발자금 투·융자 기능과 개발계획 수립에서 자문용역, 학술연구 등의 분야에 대한 유·무상의 기술지원 등을 주요 기능으로 하고 있다. 그 밖에도 ASEAN의 동남아시아와 한중일 동북아시아 지역의 금융안정과 경제통합을 위한 아시아 통화단위의 개발을 위한 실무 작업을 하고 있다.

이를 위한 재원은 자본금과 아시아개발기금(Asian Development Fund), 국제금융시장에서 채권발행을 통한 차입 등을 통해 조달하고 있다. 자본금은 다섯 차례 증액되어 550억 달러에서 2010년 현재 1,650억 달러에 달하고 있다. 아시아 개발은행은 아시아 지역의 빈곤퇴치와 삶의 질을 향상시키기 위한 2020전략에 따라 회원국을 역외 국가, 아시아·태평양 선진국, 역내 개발도상국(Developing Member Countries)으로 구분해 지원하고 있다. 역내 개도국은 A, B, C, D 등 4그룹으로 구분되고 그중 A 그룹은 아시아 개발기금에서 자금을 조달하는 국가이고, B 그룹은 일반자본금재원(Ordinary Capital Resource)과 아시아 개발기금을 혼합해 조달하는 국가, C 그룹은 일반자본금재원으로 조달하는 국가, D 그룹은 원조를 받는 국가이다.

아시아 개발은행의 개발프로젝트는 독립평가부서(Independent Evaluation Department)에서 그 효율성을 평가하고 있으며, 2007년 말까지 총 1,106개의 프로젝트를 추진했다.

(2) 국제결제은행과 아시아중앙은행 간의 협력

아시아 지역의 경제비중이 커지면서 국제결제은행(Bank for International Settlements)은 유럽 지역 중앙은행 중심의 폐쇄적 성격을 벗어나 아시아중앙은행에 비중을 두고 전 세계 중앙은행을 대표하는 국제적 중앙은행 협력기구로의 변화를 꾀하고 있다. 특히 1994년 멕시코 외환위기, 1997년 아시아 금융위기 등 신흥국 시장의 금융불안요소가 전염 효과로 인해 글로벌 금융시장에 충격을 주었던 점을 감안해 신흥국 시장 중앙은행과의 협력활동을 강화했다. 이에 따라 아시아 지역에서 1996년에 한국, 홍콩, 싱가포르, 인도가, 1999년에 말레이시아와 타이가, 2003년에 인도네시아, 필리핀 및 뉴질랜드가 국제결제은행의 아시아 지역별 회원으로 가입했다(일본과 호주는 1996년 이전에 가입). 또한 2006년에 중국인민은행이 국제결제은행 이사회에 진출해 아시아 회원 중앙은행들의 발언권도 강화되고 있다.

아시아중앙은행은 국제결제은행 내의 아시아 지역협의회[9](Asian Cons-

9) 국제결제은행 아시아 지역협의회 회원국은 한국, 일본, 중국, 홍콩, 싱가포르, 호주, 타이, 말레이시아, 인도, 인도네시아, 뉴질랜드, 필리핀 12개국으로 구성되어 있다.

ultative Council)에서 아시아 채권시장 육성 방안, 신 국제결제은행 협약 도입, 아시아 지역 금융안정 등 다양한 의제를 통해 아시아 지역의 이해를 반영하고 있다. 특히 동아시아 금융위기 이후 동아시아 국가들은 금융위기 재발방지를 위해 외환보유액을 적립해 금융불안에 대비하는 한편 금융 하부구조 개선을 위해 노력을 기울이고 있는데, 그중 대표적인 것이 아시아채권펀드(Asian Bond Fund)의 추진이다. 국제결제은행은 아시아 지역협의회에서 아시아 채권펀드에 관한 회의 및 세미나를 개최하며 그 운영에 중요한 역할을 맡고 있다. 아시아 지역협의회에서는 국가별 하위펀드(single market fund)인 '아시아 채권펀드 2'[10]에 대한 민간투자를 허용하기 위해 외국인투자에 대한 원천징수세를 인하하고, 펀드의 상장을 위해 각국의 제도를 정비하는 등 채권시장의 장애요소 철폐를 위해 국가별 상황 및 대책 등을 논의하고 있다.

그 밖에 국제결제은행은 1999년부터 아시아 지역 특별 총재회의를 개최해 아시아 지역 중앙은행 총재들과 국제결제은행 경영진 간에 아시아 지역 금융경제뿐 아니라 세계 경제와 아시아 경제 상호관심 문제에 대한 논의가 이루어지도록 했다. 여기에서는 주로 국제결제은행이 작성한 자료와 논의 의제를 바탕으로 세계 경제 및 아시아 지역 경제동향, 아시아 지역 환율정책, 아시아 지역 역내 자본이동, 적정외환보유액 수준, 아시아 지역 소비자금융 및 가계부채 등을 논의해왔다.

(3) 기축통화를 배제한 역내 통화를 이용해 무역결제를 확대하는 방안

동아시아의 역내 무역이 활성화됨에 따라 미국 달러화 대신 역내 통화를

10) 각 국가의 통화표시 채권으로 '아시아 채권펀드 2'의 정식 명칭은 "ABF (국명) Bond Index Fund"이다.

이용하는 방안에 대한 논의가 2011년 5월 ASEAN+3 장관급회의에서 이루어졌다. 그 결과 동아시아 역내 금융협력 강화를 위한 세 가지 미래연구과제 중 하나로 역내 통화를 이용한 무역결제가 채택되었다. 역내 무역결제에 역내 통화 이용을 확대하면 미국 달러화, 유로화 등 역외 기축통화의 환율변동으로 발생하는 거래비용을 줄이는 효과가 있다. 또한 무역금융을 제공하는 역내 금융회사들의 미국 달러화 자금수요가 축소되어 외화유동성 개선효과도 기대할 수 있다.

역내 통화를 이용한 무역결제는 다음 세 가지 방식이 가능하다. ① 교역국통화 결제(Local Currency Trade Settlement), ② 역내 기축통화 결제(Regional Anchor Currency Trade Settlements), ③ 역내 공동통화 결제(Common Currency Trade Settlements)가 그것이다. 교역국통화 결제방식은 수출업자 혹은 수입업자가 속한 국가의 통화를 무역결제수단으로 사용하는 것이다. 역내 기축통화 결제방식은 위안화, 엔화 등 역내의 특정 통화를 미국 달러화 대신 무역결제수단으로 사용하는 방식이다. 역내 공동통화 결제방식은 유로화처럼 역내에 공용되는 통화를 만들어 사용하는 방식이다.

그런데 역내 기축통화 결제방식과 역내 공동통화 결제방식은 각각 다음과 같은 한계가 있다. 우선 역내 기축통화 결제방식은, 어느 나라의 통화를 역내 기축통화로 삼느냐는 문제와 기축통화 후보인 일본과 중국의 경제적 여건에 대한 문제가 있다. 일본은 장기 경기침체와 국가부채라는 문제를 안고 있고, 중국은 자본시장 개방과 금융시장 발전이 미약해 위안화의 교환성이 떨어진다는 문제점이 있다. 그리고 역내 기축통화를 사용하게 되면 시뇨리지(Seigniorage)의 혜택이 기축통화 발행국에만 돌아가고 환율변동위험을 역내 다른 국가가 부담하게 되어 국가 간 혜택의 비대칭성이 생길 수 있다는 한계가 있다. 역내 공동통화 결제는 유럽의 재정위기에서 알 수 있듯이 신

중한 접근이 필요한 방식이다. 여건 또한 마련되어 있지 않은 상황이다.

따라서 세 가지 방식 중에서 교역국통화 결제방식이 현재의 여건에서는 적용가능성이 높은 편이다. 이 방식이 구체적으로 도입할 수 있는 형태는 중앙은행 간 결제방식, 환거래은행 결제방식, 단일은행 결제방식이 있다. 이러한 세 가지 결제방식 중에서 중앙은행 간 결제방식의 사례로 2008년 10월 이후 브라질과 아르헨티나 사이에 이루어지고 있는 'SML(Sistema de Pagamentos em Moeda Local)'을 들 수 있는데, 이 제도는 양국 무역업자가 자신의 거래은행을 거쳐 자국 중앙은행을 통해 무역대금을 지급 또는 영수하고 양국 중앙은행은 양국 간 수출입차액을 미국 달러화로 결제하는 방식이다. 환거래은행 결제방식은 양국의 상업은행들이 양국 통화에 대한 환거래약정을 맺은 후 수입국 은행이 수출국 은행에 양국 통화중 하나로 수입대금을 이체하는 방식으로 현재 일반적인 무역결제방식에서 사용통화를 기축통화 대신 역내 통화로 바꾼 것이다. 단일은행 결제방식은 환거래은행 결제방식과 유사하지만 양국에서 동시에 영업을 하는 동일 금융회사가 결제를 처리하는 경우이다. 예컨대 현재 말레이시아, 인도네시아, 싱가포르, 타이를 중심으로 영업 중인 말레이시아 투자은행 CIMB가 단일은행 무역결제서비스를 제공하고 있다. 그러나 한중일에서는 서비스를 하지 않으며 그 밖에도 진출하지 않은 국가가 많다. 또 이러한 환거래은행 결제방식과 단일은행 결제방식은 민간 금융회사의 자발적 참여가 있어야 하는데, 이를 위해서는 역내 국가들이 시장 및 제도를 개정하고 공동 결제인프라를 갖추기 위해 노력과 시간을 들여야 한다.

한편 2011년 12월 중일 양국은 금융시장 발전을 위해 다음과 같은 상호협력 강화방안에 합의했으며, 2012년 6월부터 엔·위안화 직거래체제가 수립되었다. 상호협력 강화방안은 ① 양국가의 국경 간 거래에서 엔·위안 이용

촉진, ② 엔·위안 직거래시장 발전지원, ③ 엔· 위안화 표시 채권시장의 발전 지원, ④ 해외시장의 민간부문에서도 엔·위안화 표시 금융상품·서비스의 발전 촉진, ⑤ 이상의 네 가지 분야에 관한 상호협력을 촉진하기 위한 중일 금융시장 발전 합동실무단 설치 등이다. 이에 따라 일본과 중국 간의 무역거래에서 미국 달러화를 사용하지 않고 엔화나 위안화로 결제할 경우 일본기업은 엔화 표시 거래의 비중이 증가하면서 환위험이 경감되는 효과가 있다. 중국에서는 은행 간 외환거래가 상하이의 중국외환교역센터를 통해 이루어지고 있고 위안화와 거래가 허용되고 있는 외화는 미국 달러화, 엔화, 유로화 등 아홉 가지 통화이다. 2012년 6월 중국 정부는 엔·위안화 직거래를 위한 시장조성자로서 10개 은행을 지정했다. 일본은 6월 1일부터 대형 은행을 중심으로 음성인식 소프트웨어인 보이스브로커(voice broker)를 이용한 엔·위안 환율고시를 통해 중국의 역외 위안화(CNH)[11]를 거래하기 시작했다. 이러한 직거래는 중일 간 교역뿐 아니라 채권시장 발전에도 기여할 수 있을 것이다. 즉, 일본은 중국 국채를 매입할 수 있고 일본의 금융기관은 위안화 표시 채권을 발행할 수 있을 것이다.

3. 유럽의 경험과 과제

아시아 지역에서 금융안정을 위한 통화협력 방안의 표준 목표로 삼고 있는 것은 유럽통화제도의 유럽통화동맹이다. 유럽통화동맹의 경험을 토대로 아시아에 적합한 통화협력 혹은 통화통합을 수행하는 과정에서 발생할 수

11) 중국통화인 위안화는 역외 시장거래와 역내 시장거래에 통용되는 통화표기가 서로 다른데, 역내 위안화는 CNY, 주로 홍콩에서 거래되는 역외 위안은 CNH로 표기한다.

있는 문제점을 최소화할 수 있다.

이러한 유럽통화동맹체제의 진행과정과 구체적 성과를 간략히 살펴보자.

1) 유럽통화동맹체제 진행과정

유럽통화제도는 1979년 유럽공동체(EC) 회원국 간의 환율안정과 지역 경제통합을 위해 지역 통화협력기구로 출범했다. 유럽통화제도는 환율안정과 통화정책 협력을 위해 유럽통화단위를 창출하고, 환율조정메커니즘 및 유럽통화제도 회원국 중앙은행 신용지원제도의 도입 등을 추진했다. 유럽통화제도는 단일통화로 이행하기 위한 전 단계로 공동통화정책을 실시하기 위해 유럽통화동맹을 형성했다.

유럽통화동맹은 유럽 중앙은행 창설과 1999년 1월 유로화의 출범으로 12여 년간 순조롭게 정착되어갔다. 그런데 최근 남유럽의 재정위기로 유로화의 가치가 큰 폭으로 하락하고 EU의 회원국가 간 재정정책에 대한 의견이 충돌하면서 어려움이 가중되고 있다. 이 때문에 2007년 미국 금융위기로 파급된 글로벌 금융위기에서 회복되어가던 세계 경제는 다시 침체의 늪으로 향하고 있다. 유럽통화동맹체제의 근본적 문제점 및 유로화의 미래와 유럽통화안정체제에 대해 평가해본다면 간접적인 경험을 얻을 수 있을 것이다.

유럽의 통합은 서유럽 국가들을 중심으로 관세동맹(Customs Union)이 맺어지고 여기에서 공동시장(Common Market)이 형성되면서 시작되었다. 이후 1987년 단일 유럽법안(The Single European Act)이 통과되고 1993년에 단일 유럽시장(The Single European Market)이 창설되었다. 1990년에 유럽통화동맹이 형성하면서 단일통화인 유로화와 유럽 중앙은행이 창설되었다.

2) 유로통화동맹체제의 성과

(1) 유로화

유로존(eurozone)의 약 3억 2,000만 명의 유럽인이 사용하는 단일통화로서 정착된 유로화는 물가를 안정시키고 금융시장의 통합을 통해 경제성장을 촉진한다는 긍정적인 면이 있다. 또한 국제증권시장에서도 표시통화 및 준비통화로서 국제통화가 되고 있다. 유럽통화동맹 가입국도 1999년 11개국에서 2009년 16개국, 2011년 17개국으로 확대되면서 다수의 국가가 유로화 페그제도를 채택하고 있다.

그동안 유로화 환율은 2000~2002년을 제외하고 1달러=1유로의 등가(parity)를 상회하면서 1유로에 1.5달러까지 상승했다. 그러나 2010년 5월 그리스를 비롯한 남유럽 국가들이 재정위기로 구조금융 지원을 요청하게 되었다. 이러한 유럽의 경기침체와 재정위기를 완화하기 위한 조치로 유럽 중앙은행이 양적 완화정책 등을 시행하면서 유로화의 가치는 2012년 1유로에 1.2달러 수준으로 하락했다.

최적통화지역(Optimal Currency Area) 이론에서는 단일통화를 채택할 때 갖추어야 하는 경제적 기준으로 ① 역내 국가 간 생산요소 이동성, ② 가격과 임금의 신축성, ③ 금융시장의 통합, ④ 무역 개방도, ⑤ 경제구조의 수렴, ⑥ 경기 동조화 등을 제시했으며, 여기에 더해 제도적 기준으로 ⑦ 재정통합, ⑧ 정치적 통합 등을 언급했다. 하지만 EU는 이상의 기준을 충족시키지 못하더라도 단일통화를 사용하면 실물경제 흐름과 경제구조의 변화를 초래하게 될 것이고, 이를 통해 거시경제지표의 수렴과 경기 동조화를 이룰 수 있으며, 또한 단일 화폐의 사용으로 역내 교역이 증가해 최적통화의 기준이 내생적으로 충족될 것이라 판단하고 단일통화를 추진했다. 그런데 실제 EU

의 유로화 도입 결과 ① 생산요소인 노동 이동성은 단일통화 사용 이후 역내 이주가 증가하기는 했으나 다른 경제권에 비해 노동 이동률이 상대적으로 낮다. 경제협력개발기구(OECD)에 따르면 유로존 17개국의 노동 이동률은 2010년 기준 연 1%로 미국 2.4%, 호주 1.5% 등에도 못 미치고 있다. EU 국가들 내의 노동 이동률은 0.35%에 지나지 않는다. 유로존 노동인구에서 유로존 출신의 외국인 노동자 비율은 2005년 기준 2.1%일 뿐이다. ② 가격과 임금의 신축성은 EU의 경우 물가는 신축적이지 못하고 하방 경직적이나 임금은 상대적으로 신축적으로 변화되었다. 2010년부터 2012년까지 재정위기의 충격을 받고 있는 그리스, 포르투갈, 스페인 등 남유럽 국가의 물가상승률은 각각 2.3%, 7.9%, 6.2%로 증가세를 유지해 물가 신축성이 상대적으로 낮게 나타나고 있다. 그런데 2010년부터 2012년까지 그리스, 포르투갈, 스페인, 아일랜드의 노동자 1인당 실질임금은 각각 -12.5%, -6.9%, -1.9%, -4.1%로 감소하고 있다. 반면 독일, 프랑스의 실질임금은 각각 4.3%, 2.1%로 증가하고 있다. ③ 금융시장의 통합의 경우, 주식시장 통합은 꾸준히 진전되었으나 채권 및 자금시장은 최근의 재정위기 영향으로 국가 간 차별화 현상이 심화되고 자금유입도 감소되고 있다. 유로존의 주식시장은 체계적 위험이 증가하고 있음에도 유로존 내의 주식 상호보유 등으로 시장통합이 잘 진행되고 있다. 그러나 채권시장은 유로존의 금리가 하향 수렴하다가 최근 재정위기 때문에 유로존 국가 간 채권금리 스프레드가 다시 유로화 통용 이전처럼 확대되고 있고 은행 간 대출에 적용되는 평균금리의 표준편차도 확대되고 있다. 한편, 단일 유로화와 금융통합정책에 따라 역내 자본이동에 대한 규제와 금융기관에 대한 투자제한이 완화되어 〈그림 6-1〉과 같이 금융기관의 소유지분구조는 상호출자로 인해 서로 얽혀지고 있어 유로존 내의 금융파급효과가 빠르게 전달되고 있다. ④ 무역 개방도는 단일통화 이후 대

〈그림 6-1〉 유럽 금융기관의 출자지분관계

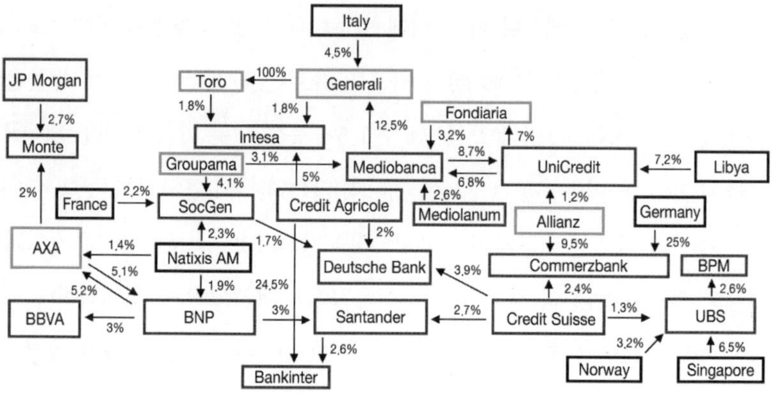

〈표 6-9〉 유로존의 무역개방도

(단위: %)

국가	1987년	2007년
오스트리아	51.69	83.26
벨기에·룩셈부르크	137.64	191.51
핀란드	42.53	54.73
프랑스	39.34	44.65
독일	65.34	87.01
그리스	24.40	12.21
아일랜드	120.65	84.36
이탈리아	34.96	43.25
네덜란드	98.81	137.32
포르투갈	50.40	46.76
스페인	24.93	37.93

자료: BBVA, Trade Integration in the European Union, 2012.

부분 증가되었으나 남유럽의 국가 중에는 개방도가 하락하거나 정체된 곳도 있다. 그리고 역외 교역의 역내 전환인 무역전환이 많이 이루어지고 있다. 유로화 통용 이후 대부분 유럽 국가의 무역개방도가 〈표 6-9〉처럼 유로화 통용 이전보다 높아지고 특히 벨기에, 룩셈부르크, 오스트리아, 네덜란드, 독일 등이 큰 폭으로 증가했다. 다만 아일랜드, 그리스, 포르투갈 등은 오히려 낮아졌다. 또한 1990년대 10년 동안 평균 57.6% 증가한 유로존 역내수출이 2000년대 이후 10년간 연평균 87.7%로 증가해 무역전환효과가 발생하고 있다. ⑤ 경기 동조화의 경우, 북유럽 국가들은 단일통화 사용 이후 증가하는 추세인 반면, 남유럽 국가들은 동조성이 강화되지 못하고 있다. 예컨대 1990년대 프랑스, 네덜란드, 핀란드 등의 GDP 증가율과 독일 GDP 증가율 간의 동조성은 각각 0.39%, 0.37%, -0.31%였으나 유로화 도입 이후 0.84~0.88% 수준으로 급격히 상승하고 있다. 그런데 그리스, 스페인, 포르투갈 등과 독일 간의 동조성은 큰 변화가 없거나 소폭으로 하락하고 있다. 이들은 모두 극심한 경기침체를 겪고 있는 국가들이다.

정리하자면, 유로화 통용 이후 환율의 조정 없이 비대칭적 충격을 완화시켜야 했는데, 그러지 못한 상태에서 비대칭적 충격인 재정위기가 발생해 금융이 안정되지 못하고 경제가 침체되고 있는 것이다. 즉, 금융통합으로 발생할 수 있는 문제점이나 한계에 직면한 것으로 볼 수 있다. 이로써 특히 남북유럽 간 성장잠재력 차이가 커지고 있는 실정이다.

(2) 유로화 안정체제

유로화를 안정시키기 위한 대책으로 유럽 중앙은행의 대출 및 통화정책과 유로안정화기구(European Stability Mechanism) 이외에도 유럽재정안정기금(European Financial Stability Facility), 은행통합, 감독통합, 재정통합 등이 논의되고 있다.

재정통합이 의미를 가지기 위해서는 단일 재무기구가 설립되고 유로존 차원의 정책공조 및 정부부채 연대보증, 재정이전 등이 시행되어야 한다. 그러나 유로존의 재정 우량국민들이 공동 채무부담, 국가 간 재정이전 등에 얼마나 동의할지는 의문이다. 해결해야 하는 과제는 이것만이 아니다. 국가 간의 세입·세출 정책공조의 강화 및 재정주권의 부분적 이양이 사전에 달성되어야 한다. 현실적으로 재정통합을 달성하기는 어렵기 때문에, 2013년에 신 재정협약을 추진할 예정이다. 이것은 구조적 재정적자가 GDP의 0.5% 이내가 되도록 제한하고, 이를 위반할 때 자동조정메커니즘의 가동을 헌법 등에 명시하는 협약이다. 그런데 2011년 기준으로 이러한 기준을 초과하는 국가는 유로존 17개국 중 14개국에 달하고 있다.

재정위기가 장기화되고 경제 불균형조정이 계속 지연될 경우 독자적 통화·환율 정책을 통한 경기부양 유인이 높아지게 되면 일부 국가의 유로존 이탈이 발생할 수도 있을 것이다. 물론 이러한 이탈은 이탈국과 잔존국가 모두에게 심각한 경제적 피해[12]를 끼칠 것으로 예상된다.

4. 정책적 시사점

동아시아 지역은 〈표 6-10〉을 통해 볼 수 있듯이 21세기에 세계 경제의 중심이 될 수 있는 지역이다. 그래서 미국은 이 지역과 정치경제적 연결망을 확보하기 위해 중국이 빠진 '환태평양경제동반자협정(Trans-Pacific Partnership)'[13]을 형성하려 하고 있고, 중국 역시 이 지역의 주도권을 확보하기 위해 미국이 제외된 '경제동반자협정(Regional Comprehensive Economic Part-

12) 스위스의 금융기업인 UBS 추정에 의하면, 남유럽 GDP의 45~50%, 독일, 프랑스 등 중심국 GDP의 20~25%에 달하는 경제적 피해가 예상된다.

13) 아시아·태평양 지역 경제통합을 위해 2005년에 체결된 다자간 무역협정.

〈표 6-10〉 지역별 기초 경제지표

	세계인구 비중(%) 2010년	세계 GDP 비중(%, PPP[1]) 2011년	실질 GDP성장률(%)		1인당 GDP(PPP 기준) 미국 달러	
			2000~2007 평균	2008~2011 평균	2011년	2000~2007 평균성장률
아시아	56.2	36.6	6.2	5.8	7,376	7.0
동아시아[2]	22.5	23.5	6.3	5.9	11,896	7.7
중앙아시아[3]	1.2	0.7	10.3	5.9	6,396	9.8
동남아시아[4]	8.7	4.2	5.5	4.5	5,476	6.0
남아시아[5]	23.3	6.9	6.8	7.0	3,325	7.4
오세아니아·태평양[6]	0.5	1.3	3.4	2.0	29,623	3.5
EU	7.2	20.1	2.6	0.0	31,607	3.6
북아메리카	6.6	23.0	2.6	0.4	39,450	3.1
전 세계	100.0	100.0	4.2	2.8	10,821	4.7

주 1): PPP: 구매력 평가(Purchasing Power Parity).
주 2): 중국, 일본, 몽고, 홍콩, 한국, 타이완.
주 3): 아르메니아, 카자흐스탄, 투르크메니스탄, 아제르바이잔, 키르기즈 공화국, 우즈베키스탄, 조지아(Georgia), 타지키스탄(Tajikistan).
주 4): 브루나이, 말레이시아, 싱가포르, 캄보디아, 미얀마, 타이, 인도네시아, 필리핀, 베트남, 라오스.
주 5): 아프가니스탄, 인도, 파키스탄, 방글라데시, 몰디브 공화국, 스리랑카, 부탄, 네팔.
주 6): 쿡 제도, 나우루, 동티모르, 피지, 팔라우, 통가, 키리바시, 파푸아뉴기니, 투발루, 마셜 제도, 사모아, 바누아투, 미크로네시아 연방, 솔로몬 제도.
자료: ADB, Asian Economic Integration Monitor, July 2012.

nership)'[14]을 형성하려 하고 있다. 동아시아 지역의 지속적 성장과 발전을 위해서는 섣불리 통화통합을 추진하는 것에 앞서 경제협력을 강화해 통화통합의 장기적 토대를 마련하는 것이 현실적인 방안일 것이다. 우선 아시아 지역 단일시장을 창출하기 위해 통일된 규범을 마련하는 것이 바람직하다. 그리고 이미 추진 중인 자유무역협정(FTA)을 한국, ASEAN, 중국, 일본 등이

14) 한중일 3국과 ASEAN 10개국, 호주, 뉴질랜드, 인도를 중심으로 무역과 서비스 투자 자유화 실현을 목표로 하는 16개국 간의 자유무역협정.

상호 체결해 국가 간 경제협력을 적극적으로 추진하는 계기를 마련하는 것도 필요하다. 물론 그 과정은 순탄하지만은 않을 것이다. 일례로 한국과 일본의 경우, 2012년 독도문제가 터지면서 양국 간 통화스왑 협상이 예정대로 이루어지지 못했다. 아시아 금융위기의 재발방지와 역내 금융시장의 안정을 도모하려는 움직임에서 정치적 문제가 걸림돌로 작용하고 있는 것이다.

한편, 유로 지역은 금융 및 재정위기를 극복하기 위한 궁극적인 방법으로 은행동맹을 추진하려 하고 있다. 은행동맹을 수립하려면 단일 은행감독기관, 단일 예금보증제도, 단일 은행구제기금의 마련이 필요하다. 우선 보증제도는 현존하는 각 회원국의 예금보증제도를 네트워크화하는 것으로, 구제기금은 유럽안정기금과 유럽 중앙은행의 특별기금으로 조성할 계획이다. 그리고 이렇게 만들어진 기금으로 재정위기 국가의 국채를 매입할 예정이다.

유럽의 경우, 공공시장에서 통화통합으로 이행하는 과정 중 재정위기가 닥치면서 단일 유럽 국가를 향한 발걸음에 제동이 걸린 상태이다. 유럽의 경험을 타산지석으로 삼아 동아시아는 ① 상품과 서비스의 교류를 더욱 확대하고, ② 지속적인 성장을 통해 각 국가의 소득수준을 향상시키며, ③ 국가 간의 경제를 긴밀하게 통합하고, ④ 다른 지역의 경제위기나 금융불안이 전파되지 않도록 조기 경보시스템을 확립하면서, ⑤ 충분한 안정기금을 확보하여 공동금융안전망을 구축하는 등의 통화협력방안을 모색해야 할 것이다. 이를 위해서는 우선 경제교류를 활발히 하고, 이를 지원하는 금융협력방안을 물색할 필요가 있다. 따라서 금융 분야에서 자금 흐름에 대한 규제를 완화하고, 직접 투자에서 내국인을 대우하거나 역내 국가를 우선해야 한다. 또 자금 측면에서 다자간 통화스왑을 확대하고 역내 통화 간의 흐름을 촉진하기 위해서는 ① 채권시장 규모의 확대 혹은 활성화, ② 금융센터, 조정금융기관의 설치, ③ 금융안정기금의 조성 및 그 규모의 점진적 확대, ④ 통화

금융재정정책의 상호 조율이 필요할 것이다. 금융기관을 육성하고 금융불안을 차단할 수 있는 통일된 형태의 금융감독을 구상하고, 필요하다면 은행동맹도 고려해야 할 것이다. 이러한 제반여건을 갖추고 난 후에 통화통합을 위해 중앙은행이나 통화안정기금의 설치 및 확보, 단일통화에 대한 연구를 심도 있게 검토할 필요가 있다.

한국 정부는 경제성장과 지속가능성의 관점에서 ASEAN+3 안에서 금융협력이 가능한 세 가지 분야 — ① 인프라 재원조달, ② 재난보험, ③ 역내 무역결제 시 자국통화 활용 — 를 채택해 기초연구를 추진하고 있다. 하지만 이러한 금융협력은 소극적인 정책으로 한계가 있다. 따라서 유럽의 경험에서 적극적으로 교훈을 얻어 우리에게 접목시키는 동시에 동아시아 지역의 금융안정을 위한 제도적 협력, 예컨대 조세제도, 외환거래제도, 자본이동에 대한 국가 간의 협약 및 자본시장육성과의 통합도 고려해야 할 것이다.

현재 정치적 갈등, 역사적 반목, 상호 신뢰 부족 등이 동아시아 통합의 장애요인으로 작용하고 있고, 부족한 협력의 경험도 지역 경제통합의 의견조율과정을 어렵게 만들고 있다. 이러한 어려움을 극복하기 위해서는 경제공동체 건설을 향한 적극적 노력이 필요하다.

동아시아 지역이 지속적 성장을 유지하는 동시에 금융불안을 극복하려면, 경제통합의 선행단계로서 금융통화통합이 이루어져야 한다. 그리고 이를 추진하기 위해서는, 여러 제도적·경제적 기반시설의 확충뿐 아니라 동아시아 국민의 공감대를 형성해 이 지역의 번영을 위해 협력할 수 있게끔 만드는 정치적 연대의 과정도 필요하다. 동아시아 지역 내부의 무역통합을 금융통합으로 발전시키기 위해서는 지역 간의 유대가 어떤 가치를 지니는지를 확실하게 밝혀낼 수 있어야 한다. 따라서 문화적·정치적·사회적 관점에서 심도 있고 다양한 연구가 필요할 것이다.

참고문헌

기획재정부 국제금융국 지역 금융과. 2012.「ASEAN+3 장관회의 결과」. 한국개발연구원 연구보고서.

김상겸·박인원·박순찬·임경수. 2010.「보고르 목표이행평가와 APEC의 경제통합과제」. 대외경제정책연구원 연구보고서.

박번순·김경훈. 2012.「아세안경제공동체 추진에 대한 평가와 시사점」. 삼성경제연구소 연구보고서.

박복영·오승환·정용승·박영준. 2009.「국제금융에서 중국의 위상변화와 시사점」. 대외경제정책연구원 연구보고서.

박영준·이동은·오용협·안지연. 2010.「새로운 국제금융질서하에서 동아시아 금융협력 방안」. 대외경제정책연구원 연구보고서.

박진호. 2012.「EMU체제 안정방안의 주요 내용 및 평가」. ≪조사통계월보≫.

손기태·백유진·김민희. 2010.「아시아 외환위기 이후 인도네시아의 정치·경제 상황과 향후 전망」. 대외경제정책연구원 연구보고서.

신성우·김기정.「아시아 통화단위(ACU)도입 논의와 시사점」. ≪외환국제금융 리뷰≫.

신현송·정규일·박하일. 2012.「한국 금융시스템의 위기 대응력강화를 위한 장기적 제안」. 한국은행 연구보고서.

이서원. 2009.「글로벌 금융위기와 유로화의 미래」. LG경제연구원 연구보고서.

이태규·송원근·김필헌. 2009.「글로벌 금융위기와 동아시아 경제통합」. 한국경제연구원 연구보고서.

임경수. 2012.「아태지역에서 경제통합 논의 및 시사점」. 대외경제정책연구원 연구보고서.

장홍범. 2011.「동아시아의 금융통합 · 협력: 평가 및 시사점」. 한국은행 연구보고서.

전홍택·박명호. 2013a.『동아시아 통합전략 1: 성장 · 안정 · 연대의 공동체구축』. 파주: 한국학술정보.

____________. 2013b.『동아시아 통합전략 2: 한중일을 중심으로』. 파주: 한국학술정보.

현대경제연구원. 2012.「현안과 과제: APEC 정상회의의 핵심의제와 활용방안」. ≪이슈리포트≫, Vol.106, 1~7쪽.

현석·이상현. 2011.『아시아 통화와 아시아 국경 간(cross-border) 채권시장의 발전방안에 관한 연구』. 서울: 자본시장연구원.

ADB. 2011. *Asia 2050: Realizing the Asian Century*.

____. 2012. "Asia Bond Monitor—November 2012."

____. 2012. "Asian Economic Integration Monitor—July 2012."

____. 2012. "Independent Commentary Report on Strategy 2020 at Mid Term."

ECB. 2011.2.22. "Eurozone, European crisis & policy responses." Speech at the Goldman Sachs Global Macro Conference in Hong Kong.

Park, Young-Joon and Yonghuup Oh. 2010. "East Asian Financial and Monetary Cooperation and its Prospect: Beyond the CMI." KIEP Working Paper, 10-04.

Pek, Koon-Heng. 2012. ADBI, "ASEAN Integration in 2030: United States Perspective." ADBI Working Paper Series.

Lama, R. and P. Rabanal. 2012. "Deciding to Enter a Monetary Union: The Role of Trade and Financial Linkages." IMF Working Paper, WP/12/240.

The 21st Century Public Policy Institute. 2011. "Asian Bond Markets Development and Regional Financial Cooperation." Study Group Report, February 2011.

지은이(수록순)

김진방

미국 듀크 대학교 경제학 박사

현재 인하대학교 경제학부 교수

주요 저서: *Chaebol Policy for Suppression of Economic Power Concentration*(2013), 『세계화 시대 한국자본주의』(공저, 2007), 『재벌의 소유구조』(2005)

김유선

고려대학교 경제학 박사

현재 한국노동사회연구소 선임연구위원

주요 저서: 『일의 가격은 어떻게 결정되는가 2: 해외 사례 연구』(공저, 2012), 『일의 가격은 어떻게 결정되는가 1: 한국의 임금결정 기제 연구』(공저, 2010), 『서비스사회의 구조변동』(공저, 2008), 『한국의 노동』(2007), 『위기의 노동』(공저, 2005), 『한국 노동자의 임금실태와 임금정책』(2005), 『노동시장 유연화와 비정규직 고용』(2004)

조흥식

서울대학교 사회복지학 박사

현재 서울대학교 사회복지학과 교수, 한국사회복지학회 회장

주요 저서: 『어떤 복지국가인가?: 한국형 복지국가의 모색』(공저, 2013), 『한국 사회복지실천의 고유성』(공저, 2013), 『우리는 한배를 타고 있다: 보편적 복지국가를 향한 노동과 시민의 친복지연대』(공저, 2012), 『대한민국, 복지국가의 길을 묻다』(공저, 2012), 『多様な家族時代における新しい福祉モデルの国際比較研究』(공저, 2010)

이제민

미국 하버드 대학교 경제학 박사

현재 연세대학교 경제학부 교수

주요 논문: “chaebol, Unions and Profitability of Korean Firms before and after the Crisis”(2013), “The Performance of Industrial Policy: Evidence from Korea”(2011), “The Maturation and Growth of Infant Industries: the Case of Korea”(1997), “Technology Imports and R&D Efforts of Korean Manufacturing Firms”(1996)

김근수

미국 버팔로 대학교 경영학 박사

현재 경희대학교 국제대학원 부교수

주요 논문: 「재벌의 실태와 경제적 파급효과」(2012), “Studies on Korean Capital Markets from the Perspective of Behavioral Finance”(공저, 2011), “Effect of Investor Sentiment on Market Response to Stock Split Announcement”(공저, 2010), 「투자자의 감정이 자사주매입에 미치는 영향」(공저, 2010)

신상기

파리 도핀 대학교 대학원 금융경제학 박사

현재 가천대학교 국제통상학과 교수

주요 저서: 『글로벌 금융시장』(2012), 『금융시스템의 이해』(2011), 『외환 시스템의 이해』(2010)

한울아카데미 1652
서울사회경제연구소 연구총서 XXIX

박근혜 정부 경제·복지정책의 방향과 과제

엮은이 | 서울사회경제연구소
지은이 | 김진방·김유선·조흥식·이제민·김근수·신상기
펴낸이 | 김종수
펴낸곳 | 도서출판 한울

편집책임 | 배유진
편집 | 박준규

초판 1쇄 인쇄 | 2014년 1월 7일
초판 1쇄 발행 | 2014년 1월 21일

주소 | 413-756 경기도 파주시 광인사길 153 한울시소빌딩 3층
전화 | 031-955-0655
팩스 | 031-955-0656
홈페이지 | www.hanulbooks.co.kr
등록번호 | 제406-2003-000051호

Printed in Korea.
ISBN 978-89-460-5652-7 93320

* 가격은 겉표지에 표시되어 있습니다.